왜
양녕 대군은
세자의 자리에서
쫓겨났을까?

교과서 속 역사 이야기, 법정에 서다

양녕 대군 vs 태종

왜
양녕 대군은
세자의 자리에서
쫓겨났을까?

글 신명호 | 그림 안희숙

㈜자음과모음

조선 왕조는 지금으로부터 600여 년 전인 1392년에 세워졌어요. 성리학을 따르는 신진 사대부와 백전백승으로 유명한 이성계 장군, 그리고 이성계 장군의 다섯 번째 아들 태종 이방원이 협력하여 조선 왕조를 세웠지요. 신진 사대부들은 당시 고려 왕조가 너무 타락했다고 생각했어요. 국가 권력을 장악한 권문세족들은 부정부패했고, 고려의 가장 중요한 종교인 불교 역시 타락했다고 생각했지요. 실제로 고려 말의 권문세족들은 원나라에 빌붙어 권력을 유지했어요. 또 불교는 1000년이 넘도록 왕실의 보호를 받아 오면서 본래의 정신을 잃어 갔지요. 그래서 신진 사대부들은 성리학을 이용해 새로운 나라를 만들게 되었답니다.

신진 사대부들은 나라의 이름을 '조선'이라고 했어요. 원래 조선은 우리 민족의 시조인 단군왕검이 세운 나라의 이름이었지요. 신진 사대부들은 단군왕검의 정신과 전통을 이어받아 좋은 나라를 만들겠다는 다짐에서 조선이라고 했던 것이에요. 이렇게 성리학을 기초로 하여 건국된 조선은 태조, 정종, 태종을 거쳐 세종 대왕 대에 이르렀을 때 비로소 찬란한 유교 문화를 꽃피울 수 있었어요.

잘 알다시피 조선 제4대 왕인 세종 대왕은 현재 우리 민족이 세계에 자랑하는 한글과 금속활자를 창조했으며, 4군 6진을 개척하여 국토를 확장하였어요. 그 밖에 집현전을 통한 우수 인재 양성, 적재적소에 인력을 배치하여 능력을 발휘하도록 한 인사 정책, 다양한 신료들의 의견을 효과적으로 수렴하면서 자신의 지도력을 펼친 정치적 능력 등은 훗날의 왕들에게 좋은 모범이 되었어요. 후대의 사람들은 이 같은 세종 대왕의 공덕을 기려 '해동의 요순'이라 칭송하였지요. 지금도 세종 대왕은 한국사 5000년을 대표하는 최고 위인으로 존경받고 있어요.

그런데 제3대 왕 태종이나 그의 아들 세종 대왕은 원래 모두 왕이 될 수 없는 처지였어요. 조선 왕조는 첫째 아들이 아버지의 왕위를 잇는 장자 세습을 따르고 있었어요. 그런데 태종 이방원은 태조 이성계의 다섯 번째 아들이었고, 세종 대왕은 태종의 셋째 아들이었어요. 맏아들이 아니었는데도 태종이 왕위에 오를 수 있었던 것은 '왕자의 난' 때문에, 또 세종 대왕이 왕위에 오를 수 있었던 것은 그의 첫째 형 양녕 대군이 세자 자리에서 쫓겨났기 때문에 가능한 일이었지요. 결국 세종 대왕이 왕위에 오를 수 있었던 것은 '왕자의 난'과

왜 양녕 대군은 세자의 자리에서 쫓겨났을까?

양녕 대군이 폐세자가 된 덕분이었다고 할 수 있답니다. 이 모두가 태종의 작품이지요.

자, 그렇다면 태종이 자신의 맏아들 양녕 대군에게 가했던 폐세자 조치는 어떻게 평가할 수 있을까요? 훌륭한 세종 대왕을 즉위시키기 위한 태종의 어려운 결단이었다고 평가할 수 있을까요? 아니면 억울하게 양녕 대군을 희생시킨 아버지 태종의 독단이었다고 평가할 수 있을까요?

이 책은 청소년의 눈높이에 맞춰서 양녕 대군이 세자의 자리에서 쫓겨난 이야기를 서술함으로써 조선 초기의 역사와 문화를 제대로 이해할 수 있도록 하려 했습니다. 또한 당시의 모습을 잘 알 수 있도록 풍부한 자료와 삽화 등을 활용했습니다. 필자 나름대로 열심히 준비한 이 책을 통하여, 어린이와 청소년들이 조선 초기의 상황에 대한 올바른 시각을 가질 수 있게 되기를 기대합니다.

글을 마무리하면서, 이렇게 조선 초기의 역사와 문화를 알릴 수 있도록 역사공화국 한국사법정 시리즈를 기획한 (주)자음과모음 임직원 여러분께 깊은 감사의 마음을 전합니다. 아울러 이 자리를 빌려 항상 저를 격려하고 든든한 후원자가 되어 주는 나의 가족 모두에게 마음속에 담아 두기만 했을 뿐 겉으로 드러내지 못했던 말을 꼭 전하고 싶습니다. "아빠의 큰딸 수정아, 아들 제우야, 그리고 막내딸 명경아, 사랑한다. 그리고 내 아내 정지원 님도 사랑해요."

신명호

조선 왕조는 왕권을 안정시키고 모든 권력을 중앙으로 집중시켜 통치 질서를 확립했고, 유교를 국가 통치의 근본으로 삼았다. 태조의 아들 이방원(태종)은 군사를 동원하여 나이 어린 세자와 정도전을 제거하고 실권을 장악하였다.

중학교　　역사

V. 조선의 성립과 발전
　1. 조선의 건국과 통치 체제의 정비
　　(1) 조선의 건국

V. 조선의 성립과 발전
　1. 조선의 건국과 통치 체제의 정비
　　(2) 국가 기틀의 마련

태종 때 왕권이 확립되어 나라의 기틀이 다져졌으며 이후 세종 때에 이르러 정치, 경제, 사회가 안정되고 문화가 융성해졌다.

세종은 전국적인 여론 조사를 통해 정책을 결정할 정도로 애민 정신이 있었으며, 나라의 근본을 백성으로 여긴 왕이었다. 그래서 백성들이 쉽게 익혀서 의사 표현을 할 수 있도록 훈민정음을 만들었다.

| 고등학교 | 한국사 | Ⅱ. 고려와 조선의 성립과 발전
　2. 유교 정치의 이상을 꽃피운 조선
　　(1) 민본 이념을 구현하기 위한 통치 체제를
　　　갖추다 |
| | | Ⅱ. 고려와 조선의 성립과 발전
　2. 유교 정치의 이상을 꽃피운 조선
　　(3) 민족 문화가 크게 발전하다 |

세종은 훈민정음 창제 이후 『삼강행실도』 등을 한글로 편찬하여 유교 윤리를 널리 보급하였다.

1388년	위화도 회군
1392년	고려 멸망, 조선 건국
1394년	한양 천도
1396년	경복궁 완공
1400년	태종 즉위
1402년	호패법 실시
1403년	주자소 설치
1413년	조선 8도 지방 행정 조직 완성 『태조실록』 편찬
1416년	4군 설치(~1443)
1418년	세종 즉위
1420년	집현전 확장
1431년	『태종실록』 편찬
1443년	훈민정음 창제
1446년	훈민정음 반포

1347년   영국과 프랑스, 백년전쟁(~1453)

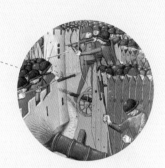

1351년   유럽에서 흑사병 발생

1368년   원나라 멸망, 명나라 건국

1369년   티무르 왕조 성립(~1508)

1405년   명나라 정화, 남해 원정(~1433)

1429년   잔 다르크, 영국군 격파

1433년   명과 일본, 정식 외교 관계 수립

1450년   구텐베르크, 활판 인쇄술 발명

1453년   비잔티움 제국 멸망

1492년   콜럼버스, 아메리카 항로 발견

원고 **양녕 대군(1394년~1462년)**

나는 조선 제3대 왕이었던 태종의 맏아들이자 세종 대왕의 큰형인 양녕 대군입니다. 한때 조선의 왕세자였지요. 하지만 부당한 이유로 왕세자 자리에서 쫓겨나 왕으로서의 모든 영광을 동생 충녕 대군에게 넘겨야만 했습니다.

원고 측 변호사 **김딴지**

딴죽 걸기의 명수 김딴지 변호사입니다. 나는 사람들에게 알려진 역사가 완전한 진실이라고 믿지 않아요. 패자의 목소리에 귀 기울이며 잘못 알려진 사실을 바로잡을 겁니다!

원고 측 증인 민제

나는 태종 이방원의 장인으로 원경 왕후의 아버지 되는 사람입니다. 양녕 대군의 외할아버지로서 태종이 양녕에게 어떤 아버지였는지 증언하지요.

원고 측 증인 원경 왕후

나는 피고 태종의 아내이자 원고 양녕 대군의 어머니이지요. 당시 최고 권력자를 남편으로 두어 평생 마음 졸이며 살았습니다. 결국 우리 친정 식구들이 내 남편에 의해 숙청당하는 모습을 지켜보는 고통을 겪어야 했지요.

원고 측 증인 이래

나는 왕세자의 교육을 담당하던 세자시강원의 사부였습니다. 당대 최고의 학자만이 미래의 왕이 될 세자를 가르칠 수 있었죠. 이번 재판에서 나는 양녕 대군을 가르쳤던 경험을 그대로 증언하겠습니다.

피고 태종(1367년~1422년, 재위 1400년~1418년)

나는 조선의 제3대 국왕으로 이름은 이방원입니다. 태조 이성계의 다섯 번째 아들로 '왕자의 난'이라 불리는 투쟁을 통해 왕위에 올라 조선의 기틀을 다졌지요. 그런데 이런 막중한 역사적 임무를 다했던 내가 가족에게 가혹한 가장이었다는 비판이나 받다니, 너무 어이가 없습니다.

피고 측 변호사 이대로

나는 역사공화국에서 둘째가라면 서러운 이대로 변호사입니다. 기존의 역사적 평가는 다 이유가 있다고 생각하지요. 역사적 진실은 쉽게 변하는 것이 아니라니까요.

피고 측 증인 하륜

나는 태종의 장인인 민제의 친구입니다. 뛰어난 식견과 눈썰미로 태종의 인물됨을 단박에 알아보았지요. 부자지간에 벌어지는 이번 재판에서 태종의 정치적 야심과 당시 상황을 증언해 보겠습니다.

피고 측 증인 세종 대왕

나는 조선의 제4대 국왕이자 원고 양녕 대군의 아우 충녕입니다. 왕세자였던 맏형님이 폐위되자 총명했던 내가 왕세자의 자리에 올랐고, 왕이 되어 한글을 창제하는 등 민족 문화를 꽃피웠지요.

판사 정역사

나는 역사공화국에서 공정하기로 소문난 정역사 판사입니다. 역사 속 승자와 패자의 이야기를 모두 듣고 가장 현명한 판결을 내리기 위해 노력하고 있지요. 이번 재판도 한번 기대해 보시죠!

"나는 불량 세자가 아니란 말이오!"

여기는 영혼들이 사는 역사공화국의 김딴지 변호사 사무실.

요즘 들어 김딴지 변호사는 하루하루가 가시방석 같다. 경제 사정이 좋지 않아서인지 갑자기 의뢰인들의 발걸음이 뚝 끊겼기 때문이다. 오늘도 한숨만 푹푹 내쉬고 있을 때였다.

'똑똑!'

노크 소리에 김딴지 변호사는 퍼뜩 정신을 차렸다.

"네, 누구세요?"

"변호사님, 저 사무장입니다. 들어가도 되겠습니까?"

"네, 들어오세요."

살며시 문을 열고 사무장이 들어왔다. 김딴지 변호사는 신중한 성격의 사무장을 매우 신임했다. 방으로 들어온 사무장은 뭔가 불안한 듯 뒤를 돌아다보았다. 그때 사무장 뒤에서 낯선 사람이 불쑥 나타나더니 누가 뭐랄 틈도 없이 김딴지 변호사를 향해 성큼성큼 걸어왔다. 그를 제지하려 손을 내밀었던 사무장이 머쓱한 듯 손을 내렸다.

"김딴지 변호사님 맞습니까? 명성은 익히 들었습니다."

그는 마치 자신이 방의 주인인 듯 거침없이 손을 내밀었다.

"아, 예! 그런데 누구신지……?"

김딴지 변호사는 머뭇머뭇 손을 내밀어 악수를 하며 물었다.

"하하. 우선 앉아서 얘기합시다."

그는 제멋대로 소파에 앉았다. 김딴지 변호사는 그의 앞에 있는 소파로 가서 앉았다. 느닷없는 손님의 방문과 기세 어린 태도에 약간 감정이 상했는지 김딴지 변호사의 눈꼬리가 치켜 올라갔다.

"나는 양녕이라고 합니다. 혹시 들어 보셨는지 모르겠습니다."

그는 김딴지 변호사의 기분 따위는 신경 쓰지 않는다는 듯 큰 소리로 말했다. 놀란 김딴지 변호사가 눈을 크게 뜨며 말했다.

"네? 양녕이라면 불량 세자였다가 쫓겨났던…… 혹시 그 양녕 대군? 그분이십니까?"

"나를 안다니 말하기가 훨씬 쉽겠군."

양녕은 혼잣말처럼 중얼거리다가 갑자기 목소리를 높여 말했다.

"그런데 김 변호사님, 조금 전에 뭐라고 했나요? 불량 세자? 내가 불량 세자라니? 어디서 그런 망발을 한단 말입니까?"

"아니, 저는 책에서 배운 대로 그냥……."

"나 원 참, 이래서 내가 가만히 있을 수 없다니까!"

쭈뼛거리는 김딴지 변호사를 노려보며 양녕은 분을 참을 수 없다는 듯 씩씩거렸다.

"내가 여기 온 이유가 바로 김 변호사님처럼 나를 오해하는 사람들이 너무 많아서입니다. 나는 불량 세자가 아니에요. 오히려 내가 피해자라고요."

"피해자라고요?"

"허, 그렇다니까요. 김 변호사님! 법정에서 나에 대한 오해를 좀 풀어 주세요."

"그럼 재판을 하시겠단 말씀입니까?"

"그렇지요, 재판을 해야지요. 나는 어린 시절 조선 제3대 왕이자 내 아버지였던 태종으로부터 정신적 학대를 당했습니다. 그것도 모자라 내 아버지 태종은 나를 불량 세자라 매도하고 세자 자리에서 쫓아냈어요. 그러고는 동생 충녕 대군에게 내가 앉았어야 할 왕의 자리를 넘겨주셨죠. 그래서 내 동생 충녕은 세종 대왕이 되어 역사에 길이 남는 훌륭한 임금으로 대대손손 칭송을 듣고 있습니다. 나는 이 같은 현실을 도저히 참을 수가 없습니다! 맏아들인 나를 두고 동생에게 왕위를 넘겨주다니요? 어릴 때 충녕만 어여삐 여기시던 아버지의 모습도 내겐 충분히 상처였는데 말입니다! 나는 이제라도 내 아버지 태종을 상대로 재판을 벌일 것입니다. 김 변호사님이 내 재판을 맡아 주시리라 믿습니다."

"아, 네. 일단 이야기를 한번 들어 볼까요?"

"일단이고 뭐고, 그럼 김 변호사님이 내 재판을 맡아 주실 것으로 믿고 이야기를 하겠습니다."

이렇게 해서 김딴지 변호사는 얼떨결에 양녕 대군의 사건을 맡게 되었다. 감정이 북받친 듯 양녕은 두 손을 불끈 쥐며 말하기 시작했다.

"김 변호사님, 그럼 잘 부탁합니다. 우선 나의 아버지 태종에 대한 이야기부터 시작하지요……."

세종의 형, 양녕 대군

우리나라 역대 왕 중 가장 위대한 인물로 손꼽히는 세종 대왕은 조선의 제4대 임금입니다. 훈민정음을 만들었고, 4군 6진을 개척하였으며, 과학 기술에도 뛰어난 성과를 보였지요. 또한 백성을 위한 정치를 편 현명하고 어진 군주이기도 하였습니다.

그런데 세종 대왕 이야기에서 반드시 거론하고 넘어가야 할 인물이 있습니다. 바로 양녕 대군이지요. 양녕 대군은 세종 대왕보다 세 살 위로 일찍이 세자로 책봉되었습니다. 10세 때 '이제'라는 이름을 하사받고 한 달 뒤 원자로 책봉되었으며, 다시 넉 달 뒤에는 왕세자로 책봉되었지요. 양녕 대군은 이때부터 차근차근 왕의 뒤를 이을 인물로 자랍니다. 13세 때 김한로의 딸과 혼인을 하고, 명의 사신으로도 다녀왔지요. 태종 대신 중요한 일을 대신들과 의논해 결정하기도 했습니다.

하지만 아버지인 태종은 유난히 셋째 아들인 충녕 대군(뒤의 세종 대왕)을 편애하였고, 양녕 대군은 잦은 탈선으로 문제를 일으켰지요. 양녕 대군의 탈선에 분노한 태종은 세자의 출궁을 금하는 벌을 내립니다. 그런데 양녕 대군은 '이제부터는 조금이라도 새 사람이 되어 부왕의 마음을 움직이려고 하지 않을 것'이라는 맹세문을 써서 태종의 노여움을 사고 맙니다.

셋째 아들인 충녕의 출중함을 알고 있던 태종은 1418년에 세자인 양녕 대군의 행실이 문란하다는 이유로 폐세자 하고 충녕 대군을 세자로 책봉하지요. 이후 태종은 세자를 왕위에 앉히고 자신은 상왕으로 물러나 4년간 인사와 군정과 관련된 권력을 쥐고 있었습니다.

태종의 가계도

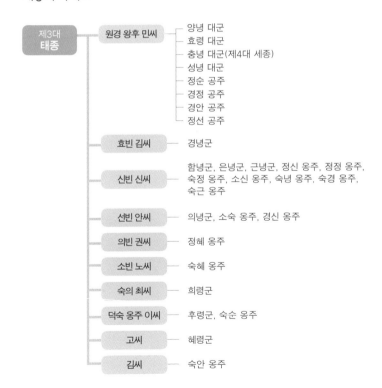

| 원고 | 양녕 대군 | 대리인 | 김딴지 변호사 |
| 피고 | 태종 | 대리인 | 이대로 변호사 |

청구 내용

500년 역사의 고려 왕조가 멸망하고 조선 왕조가 건국되던 시절, 세상은 몹시 혼란스러웠습니다. 그때 나의 아버지인 조선 제3대 임금 태종은 내가 태어나기 훨씬 이전부터 어려운 시대를 극복하겠다는 대의명분을 핑계로 가정을 돌보지 않으셨습니다. 내가 태어나자마자 나를 외갓집으로 보내 버리고 잘 찾아오지도 않으셨습니다.

나는 일곱 살이 되어서야 아버지인 태종과 함께 살기 시작했습니다. 그러나 아버지는 나를 따뜻하게 사랑하거나 신뢰하지 않으셨습니다. 다만 너는 조선의 왕세자이니 조선의 왕세자답게 행동하라고 강요하기만 하셨습니다. 더군다나 둘째 동생 충녕 대군을 편애하여, 그 상처와 좌절로 나는 왕세자 시절에 수없이 방황했습니다. 아버지 태종은 나의 방황을 핑계로 나를 세자의 자리에서 쫓아내고 충녕 대군을 후계자로 삼았습니다. 내가 폐세자가 된 뒤 사람들은 나를 문제아, 비행 청소년, 반항아라며 손가락질했습니다. 반면에 아버지가 나를 폐세자 시킨 일은 나라를 위한 결단으로 칭송하였습니다.

나 대신 후계자가 된 충녕은 후에 세종 대왕이 되어 만세의 성군으로 추앙받고 있지만, 그 추앙은 원래 내가 받아야 할 것이었습니다. 내가 부당하게 세자의 자리에서 쫓겨나지 않았다면 세종 대왕이 한 일을 바로 내가 했을 것입니다. 하지만 나는 부당하게 폐세자가 되었고, 결국 그 영광을 동생에게 빼앗겼습니다.

나는 소송을 통해서 어떤 이익을 취할 생각은 없습니다. 다만 아버지로부터 차별당하고 사랑받지 못해 상처 받고, 그 상처로 인해 방황했던 억울함을 밝혀냄으로써 나를 폐세자 시킨 아버님의 처분이 부당하였음을 세상 사람들에게 널리 알리고자 할 뿐입니다.

입증 자료

- 중학교 역사 교과서
- 고등학교 한국사 교과서
  그 외 자료 추후 제출하겠음.

위 청구인 양녕 대군
역사공화국 한국사법정 귀중

태종은 나쁜 아버지이자 무책임한 가장이었을까?

1. 조선의 왕세자는 어떻게 탄생했을까?
2. 태종은 양녕 대군을 어떻게 길렀을까?
3. 태종은 자식들을 편애했을까?

교과연계

역사
V. 조선의 성립과 발전
　1. 조선의 건국과 통치 체제의 정비
　　(1) 조선의 건국

1

조선의 왕세자는
어떻게 탄생했을까?

"양녕 대군이 자기 아버지 태종을 고소했다고? 동방예의지국 조선에서, 그것도 충효를 가장 중시하던 조선에서 세자의 자리까지 올랐던 양녕 대군이 자기 아버지를 고소했다니 기가 차서 말도 안 나오네. 역시 양녕 대군은 문제아에다 불량 세자였음이 틀림없어."

"하지만 말이야, 태종이 무시무시한 사람이었던 것은 맞잖아. 고려의 충신 정몽주를 잔인하게 암살했지. 그뿐이야? 왕자의 난을 일으켜 자기 아버지를 쫓아내고 이복동생들을 죽이기도 했잖아. 어휴, 생각만 해도 오싹하네. 그런 사람이 자기 아들이라고 잘해 줬을까?"

"무슨 소리야? 한국사 5000년을 대표하는 성군 세종 대왕이 누구 아들인데? 바로 태종의 아들이야. 양녕 대군이 문제아에 불량 세자였던 것은 순전히 자기 잘못이라고."

"자, 조용히 하세요!"

검은 법복을 입은 판사가 들어와 사람들이 가장 잘 내려다보이는 가운데 의자에 앉았다. 눈을 가늘게 뜨면서 법정을 한번 훑어보던 판사는 태종과 양녕 대군을 번갈아 살펴보곤 눈을 내리깔았다. 조용히 하라는 법정 경위의 말에 배심원들과 방청객들은 입을 다물고 일제히 판사를 바라보았다.

판사　원고 측 변호인, 오늘의 사건은 무엇입니까?

김딴지 변호사　이번 재판에서 다룰 사건은 양녕 대군이 불량 세자였다고 불리는 것에 대한 것입니다. 양녕 대군이 누구입니까? 바로 한글 창제로 유명한 세종 대왕의 큰형님이셨습니다! 원칙대로라면 맏아들인 양녕 대군이 세종 대왕 대신 조선의 제4대 왕이 되어야 했지요. 하지만 양녕 대군은 부당한 이유로 아버지 태종에 의해 세자의 자리에서 물러나게 되었습니다. 이에 양녕 대군은 600년 가까이 세월이 흐른 지금 지난날의 울분과 한을 한국사법정에서 밝히고 자신의 억울함을 호소해 역사의 정당한 평가를 받겠다고 나선 것입니다!

판사　흠. 그러니까 조선 제3대 왕 태종의 맏아들이었던 양녕 대군이 왕세자의 자리에서 물러나게 된 뒤 자신의 아우였던 충녕 대군이 조선의 제4대 왕인 세종 대왕이 된 사연을 밝히겠다, 이 말씀이로군요.

김딴지 변호사　네, 판사님. 아주 간단명료하게 정리해 주시는군요. 오늘날 한국 사람들은 조선의 제3대 왕 태종이 왕권을 안정시키고 국가 기반을 굳건히 한 훌륭한 왕이라고 알고 있습니다. 게다가 맏아들인 양녕 대군을 과감히 포기하고 대신 탁월한 안목으로 결단력 있게 셋째 아들 충녕 대군을 후계자로 삼았다고 말입니다. 그 덕분에 충녕 대군이 조선의 제4대 왕인 세종 대왕이 되어 조선의 정치, 경제, 사회를 안정시키고 문화를 번성시키며 조선 왕조의 기반을 닦을 수 있었다고 칭송합니다. 그래서인지 태종이 한 모든 행동은 국가를 위한 고뇌의 결단으로 높이 평가되기도 합니다.

반면에 원고 양녕 대군은 그렇게 훌륭한 태종을 아버지로 두었음에도 비행과 불효만 일삼던 문제아이자 불량 세자로 알려져 있습니다. 요즘 지상 세계의 사람들은 양녕 대군에 대해 무조건 비행 청소년, 문제아라고 손가락질부터 합니다. 못난 아들, 못난 형이라고요! 이에 원고는 오늘 그 억울한 심정을 풀고자 하는 것입니다.

판사 그런데 원고 양녕 대군이 왕세자의 자리에서 쫓겨난 건 원고 자신의 행실에 문제가 있어서 그랬던 거 아닙니까? 일반적으로 그렇게 알려져 있는데요.

김딴지 변호사 그렇지 않습니다. 원고 양녕 대군은 자신이 반항아이자 비행 청소년이 된 이유는 자신이 못나서가 아니라 피고 태종에게 사랑을 받지 못한 상처 때문이라고 주장합니다. 다시 말해 원고의 주장은 자신을 비행 청소년이자 불량 세자로 만든 장본인이 바로 아버지인 피고라는 것입니다. 피고가 아버지로서의 의무를 저버리고 가정을 돌보지 않았기 때문입니다. 그럼에도 불구하고 피고는 자신의 잘못은 외면한 채 양녕 대군을 문제아이자 불량 세자로 몰아

세우고 세자의 자리에서 내쫓았습니다. 결국 왕의 자리는 셋째 아들인 충녕 대군에게 돌아갔지요. 한마디로 요약하자면, 이 재판은 아들이 아버지에게 부당하게 당한 폐세자 처분을 무효로 해 달라는 청구입니다.

부왕
왕자나 공주가 왕인 자신의 아버지를 부르는 말입니다.

양녕 대군이 태종을 상대로 소송을 제기한 이유를 김딴지 변호사가 설명하자 법정 안이 순식간에 술렁거렸다. 사람들은 불량 세자 양녕 대군이 말도 안 되는 엉터리 이야기를 하고 있다며 양녕 대군에게 야유를 보냈다.

"저를 낳고 키워 준 아버지를 고소하다니!"

"그러게나 말이야. 자식이 원수라고 하더니, 자식 키우겠다고 아등바등해 봐야 다 소용없다니까!"

"역시 소문대로 양녕 대군은 문제아였구먼!"

김딴지 변호사   판사님, 그리고 배심원 여러분! 이 부분에 대해 원고의 말을 직접 들어 봤으면 합니다.

판사   좋습니다. 원고의 발언을 허락합니다.

양녕 대군   안녕하십니까? 이번 재판을 신청한 원고 양녕 대군입니다. 나는 조선 제3대 임금인 태종의 맏아들이지요. 그런데 어쩔 수 없는 사연이 있어서 **부왕**이신 태종을 고소하게 되었습니다. 왕세자 시절 나의 방황은 근본적으로 아버지가 내게 주셨던 상처와 좌절 때문에 일어났습니다. 그러므로 왕세자 시절의 방황은 나의 책임이 아

니라 바로 아버지 태종의 책임입니다. 나는 오히려 피해자입니다. 피해자의 방황을 핑계로 피해자를 폐세자 시킨 처분은 당연히 무효가 되어야 합니다. 이에 나를 폐세자 시키신 아버지의 처분을 무효화할 것을 한국사법정에 청구하는 바입니다.

김딴지 변호사   원고, 자기소개도 함께 해 주시지요.

양녕 대군   나는 조선이 건국되고 2년 뒤인 1394년에 태어났습니다. 충녕 대군보다 세 살 위였죠. 출생지는 개경입니다. 조선이 건국되었는데도 내가 왜 **한양**이 아닌 개경에서 태어났느냐 하면, 그때까지 조선의 수도는 아직 개경이었기 때문입니다. ▶조선을 건국하신 나의 할아버지 태조 이성계께서 한양으로 **천도**하신 것은 내가 태어난 다음 해나 되어서였습니다. 그뿐이 아니었지요. 몇 년 지나지 않아 다시 개경으로 천도했다가 또다시 한양으로 옮기는 등 그때 참 마음을 자주 바꾸셨습니다.

그리고 나의 어린 시절은…… 아, 정말 다시 생각해도 마음이 아프군요. 사실 나는 어린 시절을 생각하고 싶지도 않고 말하기도 싫습니다. 아버지 태종으로부터 버림받았다는 기억, 사랑받지 못했다는 기억, 이런 것들이 먼저 떠오르기 때문입니다. 여기 오기 전에 단단히 마음먹었는데도 막상 많은 사람들 앞에 서니 갑자기 말하기가 싫어지는군요. 휴…….

▶ 한양은 고려 3경 중의 하나로, 풍수지리설에서도 명당으로 알려진 곳이었습니다. 태조는 즉위 당시에는 개경을 그대로 수도로 삼으려고 했지만, 즉위한 지 한 달 만에 수도를 옮기기로 결심하고 여러 곳을 찾다가 1394년에 한양으로 도읍을 정했지요.

책봉

왕세자, 왕비 등의 지위를 정하
는 것을 말합니다.

문득 원고 양녕 대군은 어두운 표정으로 허공을 바라보았다. 그런 모습을 불안한 눈으로 바라보던 김딴지 변호사가 자리에서 일어섰다.

김딴지 변호사 판사님, 보시다시피 지금 원고는 너무나 힘든 감정에 북받쳐 있습니다. 이해해 주실 것을 부탁드립니다.

양녕 대군 흠, 내 소개를 계속하겠습니다. 태종의 맏아들로 태어나 주위 사람들의 기대를 한 몸에 받으며 자란 나는 1404년, 내 나이 열한 살 되던 해에 왕세자로 책봉되었습니다. 아무리 한 나라의 대통을 이을 왕세자라 하더라도 그때 나는 열한 살의 어린 꼬마에 불과했습니다. 그런데 엄격한 유교적 사상을 통치 규범으로 삼은 아버지는 나를 엄하게만 대하셨고, 내 행동이 왕세자로서 지켜야 할 예의범절에 어긋난다고 항상 꾸중하셨습니다. 결국 나는 왕세자의 자리에서 쫓겨났고, 동생 충녕 대군이 내 자리를 대신하여 세종 대왕이 되었습니다.

이후 나는 평생 동안 자연을 벗 삼으며 시를 읊고 글을 쓰다 1462년, 69세에 생을 마쳤답니다. 당시로선 꽤나 장수한 셈이지요. 내 동생 세종뿐만 아니라 이후의 문종, 단종, 세조까지 무려 네 왕이 즉위하는 걸 지켜보았으니까요.

김딴지 변호사 판사님, 여기서 잠시 조선 시대 왕세자란 어떤 존재였는지 그 역할과 지위에 대해 자세히 알아볼 필요가 있다고 생각합니다. 이 재판의 주요 쟁점이 양녕 대군이 맏아들임에도 불구하고 왕세자의 자리에서 폐위된 것이니까요.

판사   동의합니다.

김딴지 변호사   감사합니다. 그런데 이 점과 관련해서는
아무래도 왕세자의 입장을 직접 겪어 본 원고 양녕 대군의
말을 들어 보는 게 가장 효과적이겠지요? 원고, 당시 왕세자에게 주
어지는 역할과 주변의 기대가 꽤나 무거웠던가 봅니다. 조선 왕실에
서 왕세자란 구체적으로 어떤 존재였나요? 왕세자는 또 어떻게 책
봉되었습니까?

양녕 대군   왕세자는 다시 말해 조선 왕조 시대의 왕위 계승권자
입니다. '세자'라고 줄여 부르기도 하지요. 세자는 아무나 될 수 있는
것이 아닙니다. 원칙적으로는 왕의 맏아들이어야 하지요. 맏아들도
그냥 맏아들은 안 됩니다. 당연히 왕의 부인인 왕비, 즉 중전에게서
태어난 맏아들이어야 하지요. 하지만 조선 역사를 돌이켜 보면 이것
이 항상 지켜지진 못했습니다. 후궁에게서 태어난 왕자가 왕이 되기
도 해서, 이러한 과정에서 여러 **암투**가 벌어지기도 했으니까요. 하
지만 나 양녕은 조선 제3대 임금 태종과 원경 왕후 사이에서 태어난
맏아들로, 명실상부한 조선 왕의 원자이자 왕세자의 자격을 갖추고
있었습니다.

김딴지 변호사   그렇군요! 그런데 원자는 또 뭐지요? 세자와 원자
가 다릅니까?

양녕 대군   원자란 나 같은 왕의 맏아들을 뜻하지요. 원자는 '으뜸
원(元)' 자에 '아들 자(子)' 자를 써서 '으뜸이 되는 아들'이란 의미를

적자

본부인인 정실이 낳은 아들을 뜻합니다. 첩이나 후궁처럼 본부인이 아닌 여인에게서 태어난 아들은 '서자'라고 했지요. 딸인 경우 어머니가 본부인이면 '적녀', 그 외에는 '서녀'라고 불렀습니다. 조선 시대에는 서얼 차별이 매우 심했답니다.

갖고 있습니다. 왕의 아들들 중에 으뜸인 거죠. 왕세자는 왕의 적자인 원자에게 우선적으로 주어지는 자격이므로, 원자가 여덟 살쯤 되었을 때 세자 책봉을 받는 게 원칙이었습니다. 조선 시대에는 적자와 서자의 차별이 있었습니다. 그래서 이름도 왕의 적자이면 '─대군', 그리고 서자이면 '─군'으로 나눠서 불렀답니다.

하지만 원자가 세자로서 적절하지 못하거나 여러 정치적 상황이 얽힐 때 둘째, 셋째 아들에게 왕위 계승권이 넘어갔습니다. 그래서 조선 왕조 500년의 역사 동안 적통이면서 맏아들이기까지 한 원자가 왕세자로 책봉되었던 경우는 27명의 왕 중 겨우 8명뿐입니다. 문종, 단종, 연산군, 인종, 현종, 숙종, 경종, 순종이 적통의 원자였지요. 그러니 적장자가 왕위를 계승해야 한다는 조선 왕실의 규범이 무색할 정도였답니다. 나도 그 피해자라면 피해자였다고 할 수도 있지요. 흠흠! 어찌 되었건 세자는 단순히 원자를 넘어 다음 왕이 되는 것을 의미하기 때문에 공식적으로 세자 책봉식을 거행해 주었답니다.

왕세자 출신이었던 양녕 대군의 생생한 설명이 이어지자 방청석의 사람들은 숨을 죽이고 경청하였다. 모두들 궁중의 이야기에 흥미진진한 표정이었다. 이때 판사가 원고 측을 향해 질문했다.

판사　그렇군요. 그런데 한 가지 궁금한 것은, 왕자를 왕세자에 책봉하는 나이가 왜 하필 여덟 살 전후였습니까?

김딴지 변호사　판사님, 조선 시대 왕세자는 왜 여덟 살 전후에 책봉되었을까요? 제가 준비한 자료에 의하면 거기에는 나름의 의미가 있다고 합니다. 생각해 보면 요즘 아이들이 초등학교에 입학하는 나이도 여덟 살입니다. 왜 하필 여덟 살에 입학하는 걸까요? 그것은 우리나라나 중국에서 아이들을 여덟 살부터 학교에서 공부시킨 전통 때문입니다. 혹시 『동의보감』이라는 책에 대해 들어 보셨는지요? 바로 조선 시대의 **어의** 허준이 쓴 책이지요.

존경하는 판사님, 그리고 배심원 여러분, 여러분 모두 아마 아이들을 길러 보셨을 것입니다. 아이들이 일곱 살 또는 여덟 살이 되면 어떤 변화가 오는지 아십니까?

판사　글쎄요, 아이들이 그 나이쯤 되면 이를 갈지 않나요?

김딴지 변호사　그렇습니다. 『동의보감』에 의하면 보통 여자아이는 일곱 살에, 남자아이는 여덟 살에 이를 간다고 합니다. 그때 생기는 이는 평생 써야 하기 때문에 영구치라고 하지요. 『동의보감』에서는 아이들에게 영구치가 생기는 시점을 유아기를 벗어나는 중요한 전환기로 보고 있습니다. 그래서 남자아이들의 경우 영구치가 나는 여덟 살에 본격적으로 학교 공부를 시켰습니다. 마치 여덟 살에 생기는 영구치를 평생 써야 하듯이, 여덟 살에 배운 기초 지식을 평생의 교양으로 삼도록 했던 것입니다.

그때 이대로 변호사가 손을 번쩍 들고 말했다.

이대로 변호사　　이의 있습니다, 판사님! 원고 측 변호인은 본 사건과 관계없는 영구치 이야기로 사건의 핵심을 흐리고 있습니다.

판사　　아닙니다. 조선 시대 왕세자의 역할과 의미에 대해 좀 더 들어 보는 게 좋다고 생각합니다. 원고 측 변호인, 계속 진행해 주시지요.

김딴지 변호사　　감사합니다, 하하. 양녕 대군이 청소년 시절에 겪은 방황과 비행을 이해하려면 왕세자에게 요구되는 생활 규범과 교육의 강도 역시 알아야 한다고 생각합니다. 원고는 한 개인으로서 방황한 것이 아니라 한 나라의 왕세자로서 방황했기 때문입니다.

판사　　네, 천천히 얘기해 보세요.

김딴지 변호사　　왕세자가 생활하는 공간을 '동궁'이라 했습니다. 이는 왕의 거처인 '대전'의 동쪽에 있는 궁이었기 때문입니다. 동궁은 왕세자와 왕세자빈이 생활하는 곳이며, 왕세자의 교육이 이루어지는 곳이었지요. 그래서 '세자궁'이라 부르기도 했어요. 조선 시대에는 세자궁 안에 '세자시강원'이라는 왕세자 교육 기관을 설치하여 여덟 살을 전후하여 세자 책봉된 왕세자의 교육을 당대 최고의 학자들에게 맡겼습니다.

조선 왕세자의 하루는 왕과 왕비, 대비 등 궁 안의 어른들께 아침 문안 인사를 드리는 것으로 시작해 온종일 공부하는 것이 전부였지요. 왕세자는 동궁에서 먹고 자고 배우며, 특별한 행사나 일이 있는 게 아니면 그곳을 벗어나지 못했답니다. 또래 친구들과 어울릴 기회

　　왜 양녕 대군은 세자의 자리에서 쫓겨났을까?

도 없었지요. 그러므로 왕세자가 공부에 뜻이 없다면 그 생활을 견디기가 매우 갑갑했을 것입니다.

판사 흠, 그랬겠군요! 아무리 왕세자라도 여덟 살 전후의 어린이였으니 말입니다.

이때 잠자코 듣고 있던 이대로 변호사가 자리에서 일어나 다시 이의를 제기했다.

이대로 변호사 이의 있습니다! 지금 재판 분위기는 지나치게 감정적으로 흐르고 있음을 지적하고 싶습니다. 원고 측 변호인은 자꾸만 동정에 호소하고 있습니다. 하지만 백성들의 입장에서 본다면 왕세자는 미래의 희망입니다. 그런데 이런 왕세자가 제대로 공부하지도 않고 자기 역할에도 불성실하다면, 백성들이 불안해하고 나라도 위태로워지지 않겠습니까? 그래서 이번 재판의 주인공인 양녕 대군처럼 세자의 역할을 못 견뎌 하면 폐세자가 되는 경우도 있었던 것이지요.

이대로 변호사와 나란히 앉아 있던 피고 태종은 당연하다는 듯이 고개를 끄덕였다.

판사 피고 측 변호인에게는 곧 발언의 기회를 충분히 드리겠습니다. 원고 측 변호인은 왕세자의 생활에 대해 계속 설명해 주세요.

사서삼경

사서와 삼경을 함께 이르는 말입니다. 사서는 『논어』, 『맹자』, 『중용』, 『대학』의 네 경전, 그리고 삼경은 『시경』, 『서경』, 『주역』 세 경서를 가리키지요.

김딴지 변호사 　네. 일단 왕세자로 책봉되면 엄한 교육을 받아야 했습니다. 주로 유학 경전과 중국, 한국의 역사를 배웠는데 이때 쓰였던 교재가 **사서삼경**과 『소학』, 그리고 중국의 역사서인 『자치통감』 등이었지요. 그리고 '법강'과 '회강'이라는 평가 시험도 있어서 왕세자는 공부를 게을리할 수 없었답니다. 조선의 왕이라면 신하가 올리는 문서를 읽고 처리할 능력이 있어야 하고, 그것뿐만이 아니라 만백성을 두루 살피고 포용하는 덕성도 함께 지녀야 했습니다. 또한 유학 경전을 폭넓게 인용하며 자신의 통치 이념을 밝힐 수 있는 능력도 있어야 했습니다. 그래서 조선의 왕은 통치자인 동시에 학자의 면모도 갖추어야 했지요.

판사 　그랬군요. 이 정도면 조선의 왕세자에 대해 어느 정도 이해할 수 있었다고 생각합니다. 그러면 다음 쟁점으로 넘어가도록 하지요.

태종은 양녕 대군을 어떻게 길렀을까?

김딴지 변호사   판사님, 이번에는 원고 양녕 대군의 어린 시절이 어 땠는지 증인을 통해 들어 봤으면 합니다. 피고 태종은 원고를 어릴 때 외가에 보내서 길렀습니다. 그래서 피고의 장인이자 원고의 외할 아버지인 민제를 증인으로 모셨으면 합니다.

판사   네, 받아들입니다. 증인은 나와서 선서를 해 주세요.

민제   선서! 나 민제는 진실만을 말할 것을 맹세합니다.

김딴지 변호사는 증인 민제 앞으로 다가갔다. 그리고 웃음 띤 얼 굴로 물었다.

김딴지 변호사   증인은 원고의 외할아버지이자 피고의 장인이 맞

외척

좁게 보면 어머니 쪽의 친척을 말하고, 넓게 보면 자기와는 다른 성씨를 가진 친척을 가리키는 가족 개념입니다.

숙청

권력을 얻고 유지하기 위해 정치적인 목적으로 반대파를 없앤다는 뜻입니다.

습니까?

민제   네, 맞습니다.

김딴지 변호사   증인의 딸은 피고인 태종에게 시집가 원경 왕후가 되었군요. 왕의 장인이라…… 그것도 태종 이방원의 장인이라면 당시 증인의 권세가 만만치 않았겠는걸요?

민제   맞습니다. 휴…… 하지만 권세만큼 허망한 것도 없지요. 어느덧 사람들은 우리 민씨 일가를 두려워했고, 결국에는 사위인 태종마저도 처가인 우리 민씨 집안을 견제하기에 이르렀지요. 그래서 나는 항상 아들들에게 몸을 낮추고 조심스럽게 처신하라고 신신당부를 하곤 했습니다. 하지만 사위는 **외척**을 견제한다는 명분으로 자신의 처남이 되는 나의 네 아들을 무자비하게 **숙청**했답니다. 그 일로 우리 민씨 일가가 얼마나 큰 마음의 고통을 겪었는지는 온 세상이 다 알 겁니다.

김딴지 변호사   그 일은 참으로 유감입니다. 피고는 역시 피도 눈물도 없는 성격이었군요. 흠, 우선 증인께 한 가지 묻겠습니다. 원고 양녕 대군은 어린 시절을 외가에서 보냈다고 하는데, 원고는 증인의 집에서 태어났습니까?

민제   아닙니다. 태어나기는 자기 집에서 태어났지요. 다만 갓 태어나자마자 외가인 우리 집으로 옮겨 왔어요. 아마 태어난 지 7일도 되기 전이었던 것 같아요. 그렇게 우리 집에 와서 일곱 살이 될 때까지 있었지요.

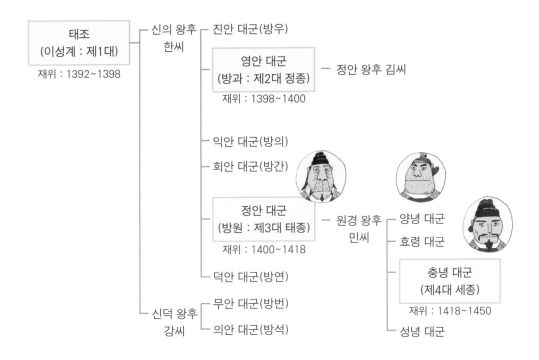

태조
(이성계 : 제1대)
재위 : 1392~1398

신의 왕후
한씨
─ 진안 대군(방우)

영안 대군
(방과 : 제2대 정종)
재위 : 1398~1400
─ 정안 왕후 김씨

─ 익안 대군(방의)
─ 회안 대군(방간)

정안 대군
(방원 : 제3대 태종)
재위 : 1400~1418
─ 원경 왕후
민씨
─ 양녕 대군
─ 효령 대군

충녕 대군
(제4대 세종)
재위 : 1418~1450

─ 덕안 대군(방연)

신덕 왕후
강씨
─ 무안 대군(방번)
─ 의안 대군(방석)

─ 성녕 대군

김딴지 변호사　아, 그렇군요! 그러니까 피고는 갓 태어난 원고를 증인 집으로 보내 버렸다는 말씀이군요.

이대로 변호사　이의 있습니다, 판사님! 원고 측 변호인은 고의적으로 피고를 깎아내리는 표현을 계속 쓰고 있습니다!

판사　네, 받아들입니다. 원고 측 변호인은 언어 사용에 신중을 기해 주십시오.

김딴지 변호사　알겠습니다. 그럼 증인께 다시 묻겠습니다. 태종은 갓 태어난 양녕 대군을 외할아버지인 증인 집에 보내 기르게 했다는 것이지요?

민제　맞습니다.

김딴지 변호사　원고가 태어나기 전에 태종에게 이미 세 명의 아이들이 있었다고 하는데, 이것도 사실입니까?

민제　그렇습니다.

김딴지 변호사　그 세 명의 아이들이 태어났을 때도 증인의 집으로 옮겨 왔습니까?

민제　아닙니다. 그 아이들은 다른 곳으로 옮겨 기른 적이 없습니다.

김딴지 변호사　네, 그렇군요. 1394년에 원고가 태어난 후 연이어서 동생들이 태어났지요?

민제　그랬습니다. 2년 후에 효령 대군이 태어났고, 그 1년 후에는 충녕 대군이 태어났습니다.

김딴지 변호사　효령 대군과 충녕 대군이 태어났을 때 혹시 증인의 집으로 옮겨 왔습니까?

민제　아닙니다.

김딴지 변호사　그러니까 피고는 그 많은 아이들 중에서 유독 원고만 증인의 집으로 보낸 것이군요. 맞습니까?

민제　뭐, 그런 셈이지요.

김딴지 변호사　증인, 그럼 다시 한 가지 묻겠습니다. 증인은 원고가 일곱 살이 될 때까지 증인의 집에서 자랐다고 했는데, 그동안 피고 태종은 증인의 집에 자주 찾아왔습니까? 그러니까 아버지로서 아들 양녕 대군을 자주 보러 왔느냐, 이 말입니다.

　왜 양녕 대군은 세자의 자리에서 쫓겨났을까?

민제   글쎄요. 오래된 일이라 몇 번이나 왔었는지는 정확히 기억
나지 않습니다. 하지만 몇 번 되지 않는 것은 확실합니다.

김딴지 변호사   그렇군요. 원고는 피고로부터 아버지의 정을 받아
볼 기회가 거의 없었군요. 혹시 원고는 어려서부터 아버지 태종을
낯설어하거나 어색해하지는 않았나요?

민제   그런 면이 꽤 있었지요.

　이 말을 듣자 김딴지 변호사는 의기양양한 표정으로 판사와 배심
원들을 향해 돌아섰다. 김딴지 변호사는 두 주먹을 불끈 쥐며 열변
을 토했다.

김딴지 변호사   존경하는 판사님, 그리고 배심원 여러분! 지금 우리
는 증인으로부터 아주 중요한 사실을 확인했습니다. 피고는 갓 태어
난 원고를 외가로 보내 일곱 살이 될 때까지 버려두었습니다. 그동
안 거의 찾아가지도 않았습니다. 피고가 아버지로서의 의무를 저버
리고 가정을 돌보지 않았다는 증거로 이보다 더 분명한 것이 있겠습
니까?

　방청객들은 약간 놀란 듯했다. 법정 여기저기서 수군거렸다.
　"듣고 보니 양녕 대군이 꽤나 불우한 어린 시절을 보냈네그려."
　"그러게. 양녕 대군에게 그런 아픔이 있는 줄 어찌 알았겠나?"
　분위기가 원고 측에 유리하게 흐르는 듯하자 이대로 변호사가 당

황한 표정으로 벌떡 일어섰다.

이대로 변호사　이의 있습니다, 판사님! 원고 측 변호인은 앞뒤 상황은 생략한 채 일방적인 결론만을 유도하고 있습니다. 존경하는 판사님, 이번에는 저희 피고 측에서 증인에게 몇 가지 확인할 기회를 주십시오!

판사　그렇게 하세요.

이대로 변호사　증인에게 묻겠습니다. 증인은 '장가간다'는 말을 아십니까?

민제　물론 알지요. 우리 때는 그게 상식이자 당연한 일이었지요.

이대로 변호사　증인은 지금 '장가간다'는 말이 당시에는 상식이자 당연한 일이었다고 했습니다. 그렇습니다. 그 당시에는 정말 그랬습니다. '장가간다'는 말은 구체적으로 말해서 '사위가 장인 집으로 가서 산다'는 뜻이었지요. 다시 말해 남자들은 혼인과 동시에 처가살이를 한다는 말이었습니다. 자, 증인! 그렇다면 그 당시 어린아이들을 외가에서 키워 주는 게 특이한 일이었습니까?

민제　아니지요. 아주 흔한 일이었지요.

이대로 변호사　바로 그렇습니다. 남자들이 장가가던 그 시절, 어린아이들은 흔히 외가에서 태어나기도 하고 자라기도 했지요. 증인, 한 가지 더 묻겠습니다. 원고가 태어나기 전에 태어난 세 아이들은 증인 집에서 자라지 않았다고 했는데, 그렇다면 원고만 증인 집으로 보내진 이유가 무엇이었습니까?

민제　이유요? 휴. 딱한 이유가 있긴 있었지요. 양녕보다 먼저 태어난 아이들 셋 다 아들이었어요. 그런데 그 귀여운 외손자들은 태어난 지 얼마 되지 않아 모두 세상을 떠났습니다.

이대로 변호사　세 아이들이 왜 모두 태어난 지 얼마 되지 않아 세상을 떠났습니까?

민제　글쎄, 그걸 제가 어떻게 알겠습니까? 귀신의 장난이 아니었는지…….

이대로 변호사　증인은 지금 '귀신의 장난'이라고 하셨는데, 당시에 그렇게 생각하는 관습이 있었다면 그때 귀신의 장난으로 신생아들이 죽지 않도록 하려는 민간의 풍습은 없었습니까?

민제　왜 없었겠습니까? 아주 많았지요. 귀신에게 아이들을 잘 봐달라고 빌기도 하고 부처님에게 빌기도 하고 그랬지요. 또 재수 없는 곳을 피해 좋은 곳으로 옮겨 키우기도 했고요.

이대로 변호사　그랬군요. 그렇다면 세 아이들이 모두 죽었던 원래의 집은 어린 아기에게는 재수 없는 장소로 여겨졌겠군요.

민제　그렇지요. 아주 재수 없는 곳이었지요.

이대로 변호사　그래서 양녕 대군이 태어났을 때 곧바로 증인의 집인 외가로 옮긴 것이 아닙니까? 바로 양녕 대군을 위하는 마음에서요!

민제　네, 맞아요. 사실 그 때문에 우리 집으로 온 거예요.

　　증인의 말을 듣자 이대로 변호사는 기세등등한 표정을 지었다. 그는 판사와 배심원들에게 마치 중요한 사실을 알려 주기라도 하듯 진

지하게 말하기 시작했다.

이대로 변호사   존경하는 판사님, 그리고 배심원 여러분! 지금 증인
은 원고가 태어난 곳이 재수가 없어서 증인의 집으로 옮겨졌다고 했
습니다. 그러니까 당시에는 어린아이들이 외가에서 자라는 것도, 또
태어나자마자 외가로 옮겨지는 것도 전혀 이상한 일이 아니었습니

다. 증인의 말대로 아주 흔한 일이었지요. 따라서 피고가 갓 태어난 원고를 증인 집으로 보냈다는 사실과 아버지로서의 의무를 저버리고 가정을 돌보지 않았다는 사실은 아무런 관계가 없습니다.

그리고 또 하나, 원고 측 변호인은 원고가 일곱 살이 될 때까지 피고가 거의 찾아가지 않았다는 사실을 들어 아버지로서의 의무를 저버리고 가정을 돌보지 않았다고 주장하였습니다. 과연 그랬을까요? 그렇지 않다는 사실을 증인의 절친한 친구의 입을 통해 확인시켜 드리겠습니다. 존경하는 판사님, 여기 증인의 절친한 친구이자 조선 초기의 문신이었던 하륜을 증인으로 불러 주십시오.

판사 허락합니다. 증인은 증인석으로 나와 선서해 주십시오.

하륜 선서! 나 하륜은 진실만을 말할 것을 맹세합니다.

이대로 변호사는 하륜에게 다가가서 반갑다는 표정을 지으며 질문을 던졌다.

이대로 변호사 증인, 간략하게 자기소개를 해 주시겠습니까?

하륜 그러지요. 나는 방금 전 증인으로 나왔던 민제와 아주 절친한 친구였습니다. 나는 평소에 관상에 관심이 많았습니다. 내가 어느 날 민제의 사위인 태종, 당시 **이방원**의 관상을 보니까 보통 얼굴이 아니었습니다. 그래서 민제에게 부탁해서 직접 이방원과 대화를 해 보았는데 역시 평범한 인물이 아니더군요. 나는 이방원이 장차

이방원
조선 제3대 왕인 태종의 본명입니다. 태조와 신의 왕후 한씨 사이의 5남, 정안 대군이며, 비는 민제의 딸 원경 왕후입니다.

큰일을 할 사람이라고 판단하고 아주 친하게 지냈습니다. 모르긴 몰라도 그의 가정생활에 대해서는 저만큼 아는 사람이 드물 것이라 생각합니다.

이대로 변호사　그러시군요. 그런데 증인은 방금 피고를 '장차 큰일을 할 사람'이라고 판단했다고 하셨는데, 조금 구체적으로 말씀해 주시겠습니까?

하륜　얘기가 꽤 복잡한데, 그래도 괜찮겠습니까?

이대로 변호사　가능하면 원고가 태어나던 시기로 집중해서 말씀해 주시면 감사하겠습니다.

하륜　네, 그러지요. 그러니까 양녕 대군이 태어난 때가 태조 3년이었는데, 그 당시 이방원은 큰 위기에 빠져 있었습니다. 뭐, 죽느냐 사느냐 그럴 정도였지요. 다른 게 아니라 신덕 왕후 강씨가 이방원을 정치적으로 힘을 쓰지 못하게 하려고 했기 때문이지요.

이대로 변호사　신덕 왕후 강씨라면 조선의 첫 임금인 태조 이성계의 두 번째 부인이자 피고의 계모가 아닌가요?

하륜　계모요? 이방원은 계모라고 하지 않고 오히려 아버지의 첩이라고 주장하였지요. 이방원과 신덕 왕후는 좋은 사이가 아니었으니까요.

이대로 변호사　흠, 그랬나요? 그런데 신덕 왕후 강씨가 왜 피고를 정치적으로 매장하려고 했습니까?

하륜　그야 자신의 친아들 때문이었지요. 신덕 왕후 강씨는 자기가 낳은 막내아들 방석을 왕세자로 만들었지만 이방원 때문에 불안할 수밖에 없었습니다.

이대로 변호사   왜 불안해했나요?

하륜   내가 아까 말하지 않았습니까? 관상 좀 본다 하
는 사람이라면 누구나 이방원이 장차 대업을 성취할 인물
이라는 것을 알아차렸을 겁니다. 대업이 무엇이겠어요? 만인의 임
금, 즉 왕이 된다는 뜻입니다. 이방원은 만인의 임금이 될 만한 능력
과 야심을 충분히 가졌어요. 신덕 왕후 강씨 역시 그걸 못 알아봤을
리 없습니다. 더군다나 이방원은 태조 임금의 본부인인 신의왕후 한
씨에게서 태어난 적자가 아닙니까? 그러니 **권모술수**의 대가인 이방
원이 자신의 친아들 방석의 세자 자리를 위협할까 봐 불안할 수밖에
없었지요. 그래서 수단과 방법을 가리지 않고 이방원을 핍박했고요.

이대로 변호사   그러면 당시 피고는 안정적인 가정생활을 하기가
거의 불가능했겠군요?

하륜   분명 그랬을 거예요. 생각해 보세요. 양녕이 태어나기 전에
세 아들이 태어나는 족족 죽었고, 신덕 왕후 강씨는 이방원을 정치
적으로 생매장하려 들었어요. 그 당시 이방원은 집에서 아늑한 평화
보다는 죽음의 공포를 느꼈을 거예요. 양녕이 태어나자마자 외가로
보낸 것도 사실은 그 때문이었지요.

이대로 변호사   그런 사정이 있었군요. 그럼 피고는 원고만 외가로
보냈습니까? 아니면 부인까지 함께 보냈습니까?

하륜   아니, 태어난 지 7일도 되지 않은 아이를 어떻게 혼자 외가
에 보냅니까? 당연히 엄마하고 같이 보냈지요.

권모술수
목적을 이루기 위해서 수단과
방법을 가리지 않는 온갖 모략
이나 술책을 뜻합니다.

이대로 변호사　　그렇다면 부인과 원고는 처가에 있고, 피고는 어디에 있었습니까?

하륜　　그때 이방원의 신변은 몹시 불안했어요. 정상적인 상황이었다면 당연히 처가에 같이 있었겠지요. 하지만 그때 이방원은 그렇게 하지 못했어요. 불안해서이지요. 만에 하나 온 식구가 한자리에 있다가 잘못될 수도 있다는 공포심 때문이 아니었을까 해요.

이대로 변호사　　증인은 피고가 계모인 신덕 왕후 강씨에게 핍박을 받아 정상적인 가정생활이 불가능한 상황이었다고 하셨는데, 그렇다면 원고가 일곱 살이 될 때까지 그런 상황이 계속되었습니까?

하륜　　아니요, 그렇지 않습니다.

이대로 변호사　　그렇지 않았다고요?

하륜　　양녕 대군, 당시의 이제가 세 살 되던 해인 1396년에 신덕 왕후 강씨가 세상을 떠났으니까요.

이대로 변호사　　그러면 신덕 왕후 강씨가 세상을 떠난 후로는 피고 태종에게 가해지던 정치적 핍박이 사라졌겠군요?

하륜　　아닙니다. 오히려 더 무시무시해졌지요.

이대로 변호사　　네? 어째서 그렇게 되었습니까?

하륜　　▶사실 태종에게 신덕 왕후 강씨보다 더 무서운 사람은 정도전이었어요. 신덕 왕후 강씨는 죽으면서 세자 방석의 미래를 정도전에게 부탁했어요. 그래서 신덕 왕후 강씨에 이어 그다음에는 정도전이 이방원을 핍박하게 되었지요. 이방원과 신덕 왕후 강씨 사이에는 미우니 고우니

교과서에는

▶ 정도전은 고려 말기의 신진 사대부로서 이성계를 도와 그를 태조로 추대하고 조선 건국에 큰 공을 세웠습니다. 하지만 이성계의 아들 이방원에 의해 제거되었지요. 이방원은 정도전을 제거하고 자신의 정치적 입지를 다진 뒤, 조선 제3대 왕인 태종으로 즉위했답니다.

해도 가족 간의 정이라는 것이 있었지요. 하지만 정도전한테는 그런 것이 없었어요. 그래서 그런지 정도전은 신덕 왕후 강씨보다 더 무시무시하게 이방원을 핍박했지요.

이대로 변호사　　피고 태종이 받았다는 핍박이란 것이 구체적으로 어떤 것이었나요?

하륜　　그 당시 이방원이 당한 핍박은 다른 것이 아니라 정치적 핍박이었어요. 그러니까 이방원이 가지고 있던 온갖 정치적 역량을 제거하고 이방원 곁에 있는 동지들을 숙청하는, 뭐 그런 식의 핍박이었지요.

이대로 변호사　　그렇다면 만약 피고가 정치적인 야심을 버렸다면 정도전의 핍박에서 벗어날 수 있었을까요?

하륜　　글쎄요. 그것은 정도전 본인만이 대답할 수 있겠지요.

이대로 변호사　　증인 개인의 생각은 어떠신가요?

하륜　　내 생각으로는 이방원이 정치적인 야심을 버렸다고 해도 무사하기는 어렵지 않았을까 싶어요. 신덕 왕후 강씨나 정도전은 이방원이라는 존재 자체를 불안해했으니까요. 그래서 나는 이방원을 설득해서 먼저 정도전을 치게 했습니다. 그렇게 해서 ▶정도전과 세자 방석은 죽음을 맞이했지요. 한국사에서는 이 사건을 '제1차 왕자의 난'이라고 부르더군요.

이대로 변호사　　그러니까 피고는 정치적 야심을 버리느

교과서에는

▶ 태조 7년인 1398년, 태조 이성계가 방원의 이복동생 방석을 세자로 책봉하자, 방원은 이에 불만을 품고 정도전을 살해했습니다. 그리고 신덕 왕후 강씨 소생의 방석, 방번을 귀양 보내고 도중에 죽였지요. 이때 방원은 세자로 책봉되었지만 둘째 형인 방과에게 세자의 자리를 넘겼습니다. 그래서 이성계의 둘째 아들 방과(영안 대군)가 조선 제2대 왕 정종으로 즉위했지요.

나와 상관없이 위험한 상황이었다는 것이지요?

김딴지 변호사　　이의 있습니다, 판사님! 피고 측 변호인은 피고 본인의 행동으로 피고의 주장을 정당화하는 억지를 쓰고 있습니다. 피고 태종의 부인이자 원고 양녕 대군의 생모인 원경 왕후 민씨를 원고 측 증인으로 불러 주십시오.

판사　　받아들입니다. 원경 왕후는 나와서 선서를 해 주세요.

　　판사의 허락이 떨어지자 태종의 아내로서 조선의 국모였던 원경 왕후가 모습을 드러냈다.

원경 왕후　　선서! 나는 조선의 국모로서 오직 진실만을 말할 것을 맹세합니다.

김딴지 변호사　　어서 오십시오. 이렇게 만나 뵙게 되어 영광입니다. 소문대로 위엄이 넘치시는군요! 이번 재판의 증인으로 어려운 걸음을 해 주셔서 고맙습니다. 그럼 우선 자기소개를 해 주시겠습니까?

원경 왕후　　조금 전에 김딴지 변호사가 말한 대로 나는 이번 재판의 원고 양녕 대군의 어머니이자 피고 태종의 부인입니다. 원고와 피고 한가운데 서 있다고 볼 수 있지요. 나는 열여덟 살에 태종 임금과 혼인했습니다. 아니, 정확히 말하자면 이방원이지요. 그때는 임금의 자리에 오르기 전이었으니까요. 우리 맏아들인 양녕 대군은 혼인한 지 13년 만에 태어난 아이였습니다. 그때 내 나이가 서른이나 되어서 무척 걱정했던 기억이 납니다.

김딴지 변호사　증인, 그러면 실례를 무릅쓰고 몇 가지 물어도 되겠습니까?

원경 왕후　뭐든지 물어보세요.

김딴지 변호사　외람된 질문이지만, 피고 태종은 가정적인 남편이었습니까?

원경 왕후　흠, 가정적인 남편? 글쎄요. 저기서 남편이 지켜보고 있긴 하지만, 가정과는 담을 쌓은 남편이었다고 해야 옳겠지요?

　　원경 왕후가 피고석의 태종을 힐끗 바라보며 이렇게 말하자 태종의 눈이 부리부리해졌다. 하지만 원경 왕후는 이에 아랑곳하지 않고 질문에 대답했다.

김딴지 변호사　아니, 어떤 면에서 그렇다는 말씀이신가요?

원경 왕후　음…… 혼인 후 가장으로서 가정을 부양한 적이 거의 없었지요. 그 당시 처가살이가 당연하다는 핑계로 혼인 후 몇 년 동안이나 처갓집에 얹혀살면서도 집안 사정은 들여다볼 생각을 하지 않았답니다.

김딴지 변호사　네, 그렇군요. 그러면 분가는 언제쯤 하셨나요?

원경 왕후　큰딸이 한 서너 살쯤 되었을 때일 거예요. 그때는 남들도 다 친정에서 첫째 애를 낳아 기르다가 서너 살쯤 되면 분가하곤 했거든요. 내가 혼인해서 3년 되던 해에 큰딸을 낳았고 그 애가 서너 살쯤 되어서 분가했으니까 한 6~7년 정도 친정에서 살다가 분가했

네요.

김딴지 변호사   분가한 후에는 피고가 가정생활에 충실했나요?

원경 왕후   가정생활이오? 흠, 글쎄요. 남편은 친구들 만난다, 경조사에 간다, 무슨 모임이 있다 등등 갖은 핑계를 대며 집안일에는 도무지 관심을 보이지 않았답니다.

김딴지 변호사   아이들이 있는데도 피고가 그렇게 했단 말인가요?

원경 왕후   그랬습니다.

"어쩌면 그럴 수가 있지?"

"그러게 말이야. 태종이 부양의 의무를 저버렸다는 말이 사실인가 봐."

방청객들은 놀랐는지 수군수군했다. 분위기가 불리하게 돌아가자 상황을 반전시켜야겠다고 판단한 이대로 변호사가 자리에서 일어섰다.

이대로 변호사   판사님, 제가 증인에게 질문을 해도 되겠습니까?

판사   네, 그렇게 하세요.

이대로 변호사   감사합니다. 증인! 증인은 피고가 분가 후에 친구들을 만나거나 모임에 참석하느라 가정사에 소홀했다고 증언하셨지요?

원경 왕후   그랬지요.

이대로 변호사   증인은 그 당시 피고가 어떤 친구들을 만나고 무슨 모임에 참석했는지 모르셨습니까?

원경 왕후　　그렇지는 않아요. 누구를 만나고 어떤 모임에 참여하는지 정도는 거의 알았지요.

이대로 변호사　　그러셨군요. 그러면 피고가 만났던 친구나 모임에 대해 말씀해 주실 수 있겠습니까?

원경 왕후　　그때 남편은 주로 과거시험 동기생들하고 어울렸어요. 그들은 대부분 성리학을 열렬하게 추종하는 사람들이었어요. 조선 초기의 성리학자인 길재를 비롯해서 저기 증인석에 있는 하륜, 정도전, 그리고 조선 초기의 경제 기반을 닦았던 문신 조준, 또 양녕 대군의 장인으로 우리와 사돈 관계가 되는 김한로, 뭐 이런 사람들이었어요.

이대로 변호사　　다들 쟁쟁한 사람들이군요. 그러면 증인은 그들이 만나서 무슨 일을 했는지 혹 아십니까?

원경 왕후　　그 사람들은 고려 왕조에 아주 비판적이었어요. 그래서 정치 개혁이니 토지 개혁이니 외교 정책이니, 뭐 이런 일들을 가지고 토론하곤 했어요.

이대로 변호사　　그러니까 피고는 정치적인 모임, 즉 정치 활동에 몰두했던 거군요. 증인은 그 같은 정치 활동에 대해 어떻게 생각하셨나요?

원경 왕후　　그때 고려 왕조는 정말 희망이 없었어요. 썩을 대로 썩었지요. 사내대장부라면 세상을 바로잡겠다는 큰 뜻이 있어야지요.

이대로 변호사　　말씀을 들어 보니 증인은 피고가 정치 활동에 몰두

성리학
중국 송나라 때 주희가 집대성한 유학의 한 파를 일컫습니다. 조선은 성리학적 유교 질서를 통치의 규범으로 삼았답니다.

하는 것에 전혀 반대하지 않으셨군요.

원경 왕후　　반대라뇨? 오히려 그때는 남편이 큰 뜻을 품고 큰일을 한다고 자랑스럽게 생각했지요. 그래서 남편이 가끔 친구들을 데리고 집에 오면 없는 살림에도 좋은 음식들을 마련해서 대접하곤 했어요.

이대로 변호사　　네, 그러셨군요. 그 당시 피고가 만약에 정치를 포기하고 열심히 돈을 벌어 가족 부양에 힘쓰겠다고 했다면 어떻게 하셨을 것 같은가요?

원경 왕후　　음, 참 어려운 질문이군요. 내가 지금은 나이도 들고 산전수전 다 겪어 봐서 생각이 많이 바뀌기는 했어요. 하지만 그때만 해도 아직 젊었지요. 그때 만약 남편이 나랏일을 외면하고 가정적인 사람이 되겠다고 했다면…… 글쎄요, 아마 말렸을 것 같군요.

　　순간 이대로 변호사의 입가에 회심의 미소가 스치고 지나갔다. 이대로 변호사는 판사와 배심원들을 향해 힘주어 말하기 시작했다.

이대로 변호사　　존경하는 판사님, 그리고 배심원 여러분! 우리는 지금 증인 원경 왕후로부터 아주 결정적인 증언을 들었습니다. 피고 태종이 혼인하고 아이를 낳은 후에 집안일에 소홀했던 것은 분명 사실입니다. 그러나 그것은 어디까지나 나라를 위해서였습니다. 나랏일에 몰두하다 보니 부득이하게 가정에 소홀하게 되었던 것입니다. 만약 피고가 자신만의 정치적 야망으로 그랬다면 비난받아 마땅할 것입니다. 그러나 피고는 그렇지 않았습니다. 부인의 열렬한 지지와

　왜 양녕 대군은 세자의 자리에서 쫓겨났을까?

내조를 받고 있었습니다. 즉 부부간의 합의하에 피고는 나랏일에 몰두했던 것입니다. 그런 면에서 저는 피고 태종이 가장으로서 부양 의무를 저버렸다는 주장이 무엇을 근거로 한 것인지 이해할 수가 없습니다.

김딴지 변호사　　이의 있습니다. 지금 피고 측 변호인은 전혀 검증되지 않은 추측을 진실인 양 호도하고 있습니다. 존경하는 판사님, 저는 피고 태종이 자식들을 편애함으로써 원고 양녕 대군을 정신적으로 학대했다는 증거를 제출하고자 합니다.

왕자의 난

조선을 세운 태조 이성계에게는 8명의 아들이 있었습니다. 첫째 부인인 신의 왕후 한씨와의 사이에는 방우, 방과, 방의, 방간, 방원, 방연을, 그리고 둘째 부인인 신덕 왕후 강씨와의 사이에는 방번, 방석을 두었지요. 신생 국가인 조선에서 당시 태조 이성계의 후계자 자리를 놓고 이 왕자들 사이에 권력 투쟁이 일어난 것은 어찌 보면 자연스러운 일이었습니다. '왕자의 난'은 이렇게 발생한 왕자들의 두 차례에 걸친 왕위 쟁탈전을 말합니다.

문제의 발단은 태조가 계비인 신덕 왕후의 막내아들인 방석을 후계자로 지정한 데 있었습니다. 이에 신의 왕후 소생의 아들들이 반발할 수밖에 없었고, 특히 조선을 세우는 데 공이 컸던 방원의 불만이 가장 컸지요. 방원은 1398년 8월 25일, 자신을 경계했던 정도전과 신덕 왕후의 두 아들 방번과 방석을 살해했습니다. 이것이 제1차 왕자의 난입니다.

이에 힘입어 하륜을 비롯한 방원의 측근들이 방원을 세자로 책봉하자고 주장했지만, 방원은 자신이 왕위를 노려 형제들을 죽였다는 오명을 입는 것이 부담스러워 둘째 형인 방과에게 왕위를 양보했지요. 하지만 사실상 모든 권력을 잡고 있는 방원을 정종은 항상 두려워했습니다. 더욱이 정종에게는 아들이 없어 다음 왕위를 놓고 방간과 방원이 또다시 갈등하게 되지요. 1400년 1월 방간과 방원 사이에 무력 충돌이 일어났고 방원의 승리로 끝났어요. 이것이 제2차 왕자의 난입니다. 이로써 주위를 완전히 평정한 방원은 결국 정종으로부터 왕위를 넘겨받고, 그해 11월에 조선 제3대 왕인 태종으로 등극했답니다.

태종은
자식들을 편애했을까?

판사　아, 그래요? 제출해 보세요.

김딴지 변호사　이것은 『세종실록』에 나와 있는 기록입니다. 그것도 피고가 본인의 입으로 직접 말한 기록입니다. 여기 이 기록을 주목해 주시겠습니까?

정축년(태조 6년, 1397)에 지금의 임금(세종 대왕), 즉 충녕 대군이 태어났다. 그때 정도전의 무리가 나를 꺼리고 용납하지 않는 분위기였다. 나는 정말로 곧 죽임을 당할 것이라 생각하여 늘 심사가 울적하기도 하고, 할 일이 없어 무료하기도 하였다. 그래서 나는 부인 민씨와 번갈아 가며 갓난아기를 안기도 하고 업어 주기도 하며 무릎에서 떼어 놓지 않았다. 이 때문에 지금의 주상인 충녕 대군을 가장 사랑하게 되었다.

-『세종실록』권3, 1년(1419) 2월 무인조

자, 이 기록에 따르면 피고 태종은 셋째 아들인 충녕 대군을 가장 사랑했다고 공공연하게 말했습니다. 실제로 피고가 셋째 아들을 편애했습니다. 그래서 충녕 대군의 두 형인 원고 양녕 대군과 효령 대군은 정신적으로 너무나 많은 상처를 입었습니다. 피고는 위와 같은 발언을 하신 사실이 있습니까?

김딴지 변호사가 느닷없이 피고석에 앉아 있는 태종을 향해 질문을 던졌다. 태종은 민감한 질문 앞에 머쓱한 표정으로 헛기침을 한 번 하더니 침착하게 대답했다.

태종　있소이다.

김딴지 변호사　이런 발언을 원고인 양녕 대군 앞에서 하신 적이 있습니까?

태종　음…… 충녕하고 양녕이 함께 있는 자리에서 그런 말을 한 적이 있지요.

김딴지 변호사　그러니까 충녕 대군에 대한 편애를 원고 앞에서도 숨기지 않으셨군요? 그것이 원고에게는 정신적인 학대가 된다는 사실을 아셨습니까?

태종　정신적인 학대요? 이봐요, 변호사 양반! 사람이 다섯 손가

락 깨물어 안 아픈 손가락이 없다고 하는데, 어떻게 자식을 학대할 수 있겠소?

김딴지 변호사　그렇습니까? 편애가 곧 정신적인 학대가 아닌가요?

태종　자식 사랑이란 것이 모두 같은 방식으로 표현되는 것이 아니에요. 겉으로 드러나는 모습만 보고 편애니 정신적 학대니 그렇게 판단하면 안 되지요.

김딴지 변호사　저는 이해가 잘 되지 않습니다만⋯⋯.

태종　자, 보세요. 양녕은 나에게 큰아들입니다. 그리고 셋째 충녕이 태어났을 때 충녕은 막내였지요. 그것도 내가 정치적으로 가장 어려운 상황에서 본 막내아들이었어요. 그 당시에는 부모가 큰아들과 막내아들에게 기대하는 것이 전혀 달랐어요. 큰아들에게는 가문을 계승할 책무가 있었지요. 당연히 큰아들에게 거는 기대가 컸어요. 나 역시 큰아들 양녕을 강하게 키우고 싶었소이다.

김딴지 변호사　강하게 키우려고 처가에 버려두고 돌보지 않으셨습니까?

이대로 변호사　판사님, 이의 있습니다. 원고 측 변호인은 증인을 모욕하고 있습니다. 제가 증인 원경 왕후에게 질문해도 되겠습니까?

판사　이의를 받아들입니다.

이대로 변호사　감사합니다. 증인 원경 왕후께 질문하겠습니다. 조금 전에 피고는 셋째 충녕 대군이 태어났을 때 증인과 번갈아 가며 안기도 하고 업어 주기도 하며 무릎에서 떼어 놓지 않았다고 했는데, 사실입니까?

원경 왕후   사실입니다.

이대로 변호사   증인과 피고는 첫째 양녕 대군과 둘째 효령 대군이 태어났을 때는 곧바로 다른 곳에 맡겨졌지요?

원경 왕후   네, 그랬지요. 양녕은 외갓집에, 효령은 그때 친하게 지냈던 집에 맡겼습니다.

이대로 변호사   그러면 셋째 충녕 대군이 태어났을 때는 왜 그렇게 하지 않았습니까?

원경 왕후   후. 거기에는 깊은 사연이 있지요.

이대로 변호사   말씀해 주실 수 있겠습니까?

원경 왕후   셋째인 충녕은 형들과 달리 칠삭둥이로 태어났어요. 혹시 칠삭둥이가 뭔지 아세요?

이대로 변호사   임신 일곱 달 만에 태어난 아이, 즉 조산한 아이란 뜻이 아닌가요?

원경 왕후   맞아요. 원래는 열 달 만에 태어나야 정상인데 석 달이나 먼저 태어난 미숙아를 칠삭둥이라고 하지요. 그때는 인큐베이터도 없던 때라 칠삭둥이로 태어나면 거의 죽은 목숨이었지요. 충녕이 칠삭둥이로 태어났기 때문에 다른 곳에 맡기지 못했어요. 그 대신 나와 남편이 정성을 다해 살려 놓았지요.

이대로 변호사   아, 그러셨군요. 그렇게 살려 놓은 칠삭둥이에 대한 정이 남다르시겠군요.

원경 왕후   당연하지요. 부모 잘못 만나 칠삭둥이로 태어나 골골하는 셋째 충녕을 보면 안쓰럽고 측은하고 그랬지요.

이대로 변호사   그렇게 남다른 정을 혹 편애라고 생각하시지는 않는지요?

원경 왕후   편애요? 글쎄, 편애하고는 좀 다르겠지요. 미안하고 안쓰러운 마음에 좀 더 신경이 쓰이고 뭐, 그런 것일 뿐이었지요.

이대로 변호사   감사합니다. 그런데 증인뿐만 아니라 피고 역시 같은 부모로서 충녕 대군에게 남다른 정을 느끼는 것이 당연하지 않을까요?

김딴지 변호사   이의 있습니다, 판사님! 피고 측 변호인은 동정심을 유발함으로써 본 사건의 핵심을 흐리려 하고 있습니다. 판사님, 저는 원고 양녕 대군이 열 살이 넘어서도 계속해서 정신적인 학대를 받았다는 증거를 제출하고자 합니다.

판사   이의를 받아들입니다. 증거를 제출해 주세요.

김딴지 변호사   감사합니다, 판사님. 이것은 『태종실록』에 실려 있는 기록입니다. 『태종실록』은 피고가 왕으로 지낸 기간의 역사가 기록되어 있는 책이지요. 이것은 피고 태종이 본인의 입으로 직접 말한 증거입니다. 이 기록을 주목해 주시겠습니까?

어느 날인가 내가 **민무구**에게 말하기를, "나의 둘째 아들 효령 대군과 셋째 아들 충녕 대군은 아직 어려서 혼인할 나이는 아니다. 그렇지만 옛날 당나라 태종이 둘째 아들을 궁중에 두고 의복과 수레 그리고 말을 **태자**와 똑같이 주자 **위징**이 안 된다고 했던 고사가 있다. 지금 세자를 책봉해서 별궁에 두었는데, 둘째 아들과 셋째 아들은 모두 나와 함께 있다. 이러다가 혹 편애로 말미암아 실수를 범할까 두렵다. 이에 장가보내서 다른 집에 살게 하려고 한다" 하였다. 그러자 민무구가 대답하기를, "물론 그렇게 되지 않도록 미리 예방해야 합니다. 하지만 그보다는 난을 선동하는 신하를 **근절**하는 것이 더 중요합니다" 하였다. 내가 그 말을 듣고 모골이 송연하였다.

-『태종실록』 권14, 7년(1407) 9월 무진조

모골
털과 뼈를 아울러 이르는 말이
지요.

송연
두려움에 오싹 소름이 돋는 상
태를 말합니다.

이 기록에 의하면 피고 태종은 양녕 대군을 세자로 책봉한 뒤에도 자신의 편애 때문에 실수하지나 않을까 걱정하고 있었습니다. 양녕 대군은 열한 살에 세자에 책봉되었습니다. 그러니까 피고는 원고를 세자에 책봉한 후에도 계속해서 셋째 충녕 대군을 편애하고 있었던 것입니다.

존경하는 판사님, 이와 관련해서 피고에게 몇 가지 묻겠습니다. 피고는 위의 일이 언제 있었는지 기억하십니까?

태종 글쎄요. 세월이 많이 흘러 약간 헷갈리는군요. 나는 양녕을 세자에 책봉한 뒤 한 1~2년쯤 있다가 효령하고 충녕을 혼인시켰어요. 그렇다면 양녕이 열서너 살쯤 되었을 때가 분명하지요.

김딴지 변호사 그렇다면 피고는 원고 양녕 대군이 열서너 살 될 때까지도 계속해서 정신적인 학대를 가하셨군요.

이대로 변호사 이의 있습니다. 판사님, 원고 측 변호인은 피고를 모독하고 있습니다.

판사 이의를 받아들입니다. 원고 측 변호인은 피고를 모독하는 말을 삼가세요.

김딴지 변호사 죄송합니다. 조심해서 질문하겠습니다. 피고와 대화를 나눈 민무구는 누구입니까?

태종 민무구요? 내 큰처남이지요. 내 처인 원경 왕후 민씨의 동생

이기도 하고요.

김딴지 변호사   그러면 피고가 큰처남보다 나이가 많으시겠군요?

태종   허허! 그렇지 않습니다. 내 처가 나보다 두 살 연상이라 큰
처남하고 나는 같은 또래이지요. 그래서 내가 처가살이 할 때는 친
구처럼 지냈어요.

김딴지 변호사   그러셨군요. 증인 민무구가 피고의 큰처남이라면

양녕 대군에게는 큰외삼촌이 되는군요.

태종　그렇지요.

김딴지 변호사　그렇다면 피고가 양녕 대군을 외가에 맡겼을 때 사실상 아빠의 역할을 한 사람은 민무구였겠군요.

태종　뭐, 그렇다고 할 수 있지요.

김딴지 변호사　피고는 방금 전 난을 선동하는 신하를 근절하는 것이 더 중요하다는 민무구의 말을 듣고 모골이 송연하였다고 하셨는데, 왜 그러셨습니까?

태종　그야 민무구의 말뜻이 흉악했으니까 그랬지요.

김딴지 변호사　무엇이 흉악하다는 것인가요?

태종　그때 민무구의 말은 나더러 둘째 효령하고 셋째 충녕을 궁에서 쫓아낸 후 다시는 들어오지 못하게 하라는 뜻이었어요. 신하가 어떻게 감히 임금에게 그런 말을 할 수 있습니까?

김딴지 변호사　아하, 난을 선동하는 신하를 근절한다는 말이 그런 뜻이었군요. 그러면 '난'이란 무슨 난을 의미합니까?

태종　그야 양녕을 세자 자리에서 쫓아내려는 음모 같은 것이겠지요.

순간 김딴지 변호사는 의도한 대답을 들었다는 듯 자신만만한 표정으로 몸을 돌렸다. 김딴지 변호사는 회심의 일격을 가하듯 열변을 토했다.

김딴지 변호사   존경하는 판사님, 배심원 여러분, 지금 들으신 대로 원고 양녕 대군은 세자가 된 후에도 피고의 편애로 말미암아 끊임없이 정신적인 학대를 당했습니다. 그뿐이 아니었습니다. 원고는 자칫 세자 자리에서 쫓겨날지도 모른다는 불안에 떨었습니다. 원고가 세자였을 때 끊임없이 방황하고 고뇌한 이유가 어디에 있었겠습니까?

"그랬구나."

"듣고 보니 양녕 대군이 참 안됐네."

김딴지 변호사의 열변을 들은 방청객들은 갑자기 양녕 대군에게 동정의 눈길을 보냈다. 상황이 불리해지자 이대로 변호사의 얼굴이 굳어졌다. 이대로 변호사가 뭔가 말하려고 하는 순간 판사가 방청석을 향해 큰 소리로 말했다.

판사   방청객 여러분, 조용히 해 주세요! 지금 정해진 시간이 다 되었습니다. 오늘 재판은 피고 태종이 아버지로서의 의무를 저버리고 가정을 돌보지 않았는지의 여부를 놓고 증인 신문이 있었습니다. 오늘의 증언은 다음 주에 열릴 두 번째 재판에 중요한 근거가 될 것입니다. 그럼 첫 번째 재판은 이것으로 마치겠습니다.

땅, 땅, 땅!

조선 왕비의 태교법

한 나라의 왕은 하루아침에 만들어지지 않습니다. 왕비의 몸에 잉태된 순간부터 성군이 되기 위한 교육이 시작되었다고 볼 수 있지요. 태교는 아이가 세상에 태어나기 전에 받는 최초의 교육입니다. 그러면 나라의 대통을 이을 왕의 아기를 잉태한 조선의 왕비들은 임신 중 어떤 태교를 했을까요?

미래의 새로운 왕을 키워 내는 10개월의 임신 기간 동안 왕비는 왕실의 엄격한 보호 아래 철저한 태교와 체계적인 건강 관리를 해야 했습니다. 임신 3개월이 되면 왕비는 별궁에서 사람들의 출입을 엄격히 제한한 채 태교에 온 정성과 노력을 기울였습니다. 아침에 일어나면 성현의 말씀이 새겨진 옥판을 보며 이를 소리 내어 읽습니다. 몸에 이롭고 색깔도 고운 옥을 보며 왕비는 마음을 편안히 가다듬고 좋은 말씀을 마음에 새겼던 것이지요. 그리고 색이 고운 보석으로 만들어진 장신구를 바라보며 조용하고 깨끗한 곳에서 항상 몸과 마음을 정갈히 했습니다. 또한 시와 서예, 그림을 배우는 것도 게을리하지 않았지요. 왕비가 먹는 음식도 주로 태아의 두뇌 발달을 위한 것들에 초점이 맞춰져 있었습니다. 뇌 발달에 좋다는 순두부, 콩, 신선한 야채, 생선, 새우, 해조류가 주요 식단으로 올랐지요.

이 밖에도 나라에서는 죄인에 대한 형벌 집행을 금지하고, 죽은 짐승의 원혼이 태아에 깃들 것을 염려하여 짐승을 잡는 것도 금했다고 합니다. 이렇게 모든 노력을 기울여 태교에 집중했던 것은 훌륭한 왕세자를 낳아 미래의 성군으로 기르겠다는 기대와 희망 때문이었겠지요?

다알지 기자

안녕하세요? 역사공화국 법정 뉴스의 다알지 기자입니다. 지금 양녕 대군 대 태종의 역사적인 재판이 열리는 한국사법정에 나와 있는데요. 이제 막 첫날 재판이 끝났습니다. 오늘 재판에서는 태종이 나쁜 아빠이자 무책임한 가장이었는지를 놓고 열띤 공방이 벌어졌지요. 우선 원고 측 증인으로 나오신 원경 왕후를 모시고 오늘 공판에 대한 이야기를 들어 보도록 하겠습니다. 잘 아시다시피 원경 왕후는 원고 양녕 대군의 어머니이기도 하고 피고 태종의 부인이기도 합니다. 그래서 그 누구보다도 오늘 재판에 대한 소감이 각별할 것으로 생각됩니다. 이어서 피고 측 증인이신 하륜 대감의 소감도 함께 들어 보겠습니다.

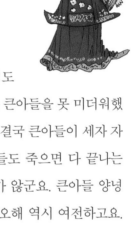

원경 왕후

　나는 역사가 진실로 두렵다는 사실을 오
늘 다시 한 번 깨달았습니다. 살아생전 내 남
편 태종과 큰아들 양녕은 부모 자식 사이임에도
불구하고 좋지 못한 모습을 보였습니다. 남편은 큰아들을 못 미더워했
고 큰아들은 남편에게 반항했습니다. 그러다가 결국 큰아들이 세자 자
리에서 쫓겨나기까지 했지요. 하지만 그런 일들도 죽으면 다 끝나는
것이라 생각했어요. 하지만 지금 보니 그렇지가 않군요. 큰아들 양녕
의 한이 아직도 풀리지 않았더라고요. 남편의 오해 역시 여전하고요.
과거는 과거로 끝나는 것이 아니라 늘 현재와 함께한다는 사실을 알
았지요. 나는 누구의 편도 아닙니다. 지금이라도 큰아들과 남편이 서
로의 앙금을 풀고 사이좋은 부자지간이 되었으면 하는 바람입니다. 더
이상 드릴 말씀이 없군요.

하륜

오늘 재판은 증인으로 나온 내게도 참 흥미진진하게 보였습니다. 여러 가지 이야기들이 오갔습니다만 뭐, 결과야 뻔하지 않겠습니까? 이번 재판은 개인적인 사건이 아니라 국가적인 사건입니다. 모름지기 나라의 최고 지도자가 될 사람이 어때야 한다는 것은 굳이 설명이 필요 없을 것입니다. 조선 시대에는 왕을 나라의 어버이라고 했지요. 어른 중에서도 최고의 어른이지요. 그런데 오늘 양녕 대군의 말을 들어 보니 여전히 젖먹이의 푸념일 뿐이에요. 양녕 대군이 세자 자리에서 쫓겨난 것은 전적으로 그에게 왕의 자질이 부족했기 때문입니다. 그렇다면 재판 결과는 굳이 말할 필요도 없을 것 같군요.

양녕 대군은 문제아이자 불량 세자였을까?

1. 양녕 대군의 방황은 아버지 태종 때문이었을까?
2. 양녕 대군은 왜 공부를 포기했을까?

양녕 대군의 방황은
아버지 태종 때문이었을까?

판사　오늘 재판할 내용에 대해서 원고 측 변호인이 설명해 주시지요.

김딴지 변호사　오늘 재판할 내용은 원고 양녕 대군이 문제아이자 불량 세자였는가에 관해서입니다. 지난번 재판 때 피고 태종이 아버지로서의 의무를 저버리고 가정을 돌보지 않았는지의 여부를 놓고 논쟁이 있었습니다. 저와 피고 측 변호인은 양녕 대군이 청소년 시절 보여 준 방황과 비행이 과연 어떤 내용이며 그 원인이 무엇인지를 명확하게 파악해야 이 문제를 해결할 수 있다는 데 합의했습니다. 그래서 오늘은 이 문제를 중심으로 알아보기로 했습니다.

판사　아, 그래요? 오늘 재판도 아주 치열한 논쟁이 예상되는군요. 많은 사람들이 청소년 시절 방황합니다. 방황하는 이유도 가지각색

왜 양녕 대군은 세자의 자리에서 쫓겨났을까?

이지요. 그러면 양녕 대군은 왜 방황했는지, 또 얼마나 방황했는지 한번 들어 볼까요?

김딴지 변호사　판사님! 새로운 증인을 모셔서 원고가 실제로는 얼마나 열심히 공부하고 노력했었는지를 증명해 보이고 싶습니다. 오랜 세월 원고의 **사부**로 계셨던 이래 선생님을 증인으로 모시는 것을 허락해 주십시오.

판사　허락합니다. 증인 이래는 나와서 선서를 해 주십시오.

"조선 왕세자의 사부가 나온다고?"

"그러게 말이야! 당대 최고의 학자나 할 수 있다는 왕세자의 스승이라니!"

원고 측에서 원고의 어릴 적 스승인 이래를 증인으로 신청하자 방청석의 분위기가 술렁이기 시작했다. 판사의 허락과 함께 희끗희끗한 머리카락과 수염을 드리운 이래가 꼿꼿한 모습으로 증인석에 올랐다.

이래　선서! 나 이래는 진실만을 말할 것을 맹세합니다.

김딴지 변호사　이래 선생님, 증인으로 나와 주셔서 정말 고맙습니다. 우선 간단한 자기소개를 부탁드립니다.

이래　나는 고려 말부터 조선 초에 걸쳐 살았던 문신입니다. 조선 왕조가 세워진 뒤 태종 이방원을 도와 그의 신임을 얻었고, 나라의 높은 벼슬을 두루 지냈지요. 명나라에 사신으로 다녀오기도 했습니

사부
스승과 같은 의미이지만, 여기서는 조선 시대에 세자시강원에서 세자의 교육을 맡던 으뜸 벼슬을 가리킵니다.

다. 그러다가 태종의 맏아들이자 왕세자인 양녕 대군의 교육을 담당하였답니다.

김딴지 변호사 증인은 언제부터 원고의 사부가 되셨습니까?

이래 내가 처음 양녕 대군의 스승이 되었을 때는 양녕 대군이 막 원자가 되었을 때이지요. 그때 양녕 대군이 한 여덟 살쯤 되었을 거예요.

김딴지 변호사 원고는 몇 살 때 왕세자에 책봉되었나요?

이래 제 기억으로는 열한 살에 책봉되었어요.

김딴지 변호사 지난번 재판에서 조선 시대 왕세자는 보통 여덟 살 전후에 책봉되었다는 진술이 있었는데요.

이래 아, 물론 그랬습니다. 다만 양녕 대군은 일곱 살까지 외가에서 살아 궁중 교육을 전혀 받지 못했지요. 그래서 왕세자로 책봉되기 전 2~3년간 원자의 지위에 있으면서 기초 궁중 교육을 받게 했는데, 그때 내가 원자의 교육 책임자였습니다.

김딴지 변호사 네, 그렇군요. 증인은 원고의 사부로 얼마나 계셨습니까?

이래 양녕 대군이 여덟 살이었을 때부터 스물세 살 때까지 사부였으니까, 한 15년 되는군요.

김딴지 변호사 흠, 상당히 오랜 기간을 양녕 대군의 사부로 계셨네요. 항간에 원고가 여덟 살 때부터 이미 공부를 포기하고 비행에 빠졌다는 식의 말이 돌기도 했는데 그 부분에 대해 증인은 어떻게 생각하십니까?

이래   내가 아는 한 양녕 대군은 스물두 살 이전에는 가끔 사고를 치기도 했지만 나름대로 열심히 노력하던 학생이었어요. 재능도 제법 있었지요.

김딴지 변호사   스물두 살 이전에는 나름대로 모범 학생이었다는 뜻인가요?

이래   뭐, 모범 학생까지는 몰라도 심각한 비행 청소년은 아니었단 얘기지요.

김딴지 변호사   그럼 왕세자로서의 자질은 갖추고 있었다는 뜻이지요?

이래   허허, 그것 참. 요새 사람들은 꼭 찍어서 얘기해야 직성이 풀리나 보군요. 꼭 집어서 얘기하자면, 비행 청소년도 아니고 그렇다고 모범 청소년도 아닌 학생이긴 했지만, 내가 시키는 왕세자 교육은 어느 정도 따라와 주었습니다.

김딴지 변호사   그런데 원고가 스물두 살 이전에 가끔 사고를 쳤다고 하셨는데, 어떤 사고였습니까?

이래   생각하기에 따라서는 심각할 수도 있고 아무것도 아닐 수도 있는 사고였어요. 주로 왕세자가 활쏘기, 사냥, 운동 등에 너무 관심을 가져서 생긴 문제였으니까요. 양녕 대군은 공부보다는 무술과 운동에 소질이 많았고 관심도 많았어요. 그래서 틈만 나면 활쏘기나 사냥에 매달렸지요.

김딴지 변호사   그런데 그게 왜 남들이 봤을 때 사고가 된단 말씀인가요?

신궁
귀신 같은 활이라는 뜻으로, 활
을 잘 쏘는 사람을 가리킵니다.

이래　　나는 물론 양녕 대군의 아버지이신 태종 임금도 훌륭한 세자를 만드는 방법은 독서와 명상이라고 생각했어요. 그래서 양녕 대군에게 활쏘기나 사냥을 하지 못하게 하고 대신 독서와 명상을 권했지요. 양녕 대군은 그것을 힘들어했어요. 그래서 아버지 몰래 사냥을 하거나 활을 쏘다가 들켜서 호되게 꾸중을 듣곤 했지요.

김딴지 변호사　　흠, 그랬군요. 그러면 원고의 운동이나 무술 실력은 어느 정도나 되었나요?

이래　　활 솜씨 같은 경우는 아마도 당대 최고가 아니었을까 싶어요. 어느 때던가 궁궐 감나무에 까마귀들이 몰려와서 감을 쪼아 먹었어요. 여러 마리가 몰려드는 통에 꽤 시끄러웠지요. 전하께서 활 잘 쏘는 사람을 찾아 까마귀들을 쏘게 했는데 누구도 나서지 않았어요. 임금님 앞인데 혹시라도 맞히지 못할까 두려웠던 거지요. 그러자 전하 주변에 있던 사람들이 모두 양녕 대군을 추천했어요. 그 당시 양녕 대군이 신궁의 솜씨를 가졌다는 사실을 알 만한 사람들은 다 알았거든요. 전하께서 양녕 대군에게 쏘라고 해서 양녕 대군이 두 번 쏘았는데 다 맞혔지요. 모두들 입이 딱 벌어졌어요. 몰래몰래 숨어서 익힌 활 솜씨가 그 정도였으니 제대로 배웠으면 어느 정도였겠어요?

김딴지 변호사　　그런 일이 있었군요. 그렇게 무술이나 운동을 좋아하는 원고에게 가만히 앉아서 책만 보라고 하는 것은 혹 고문이 아니었을까요?

이래 　그게 무슨 소리예요? 그때 양반집 아이들은 다 그렇게 했어요. 모름지기 훌륭한 학자가 되려면 그 정도는 극복해 내야지요. 더구나 장차 왕이 될 왕세자는 더더욱 열심히 해야지요. 내가 양녕 대군에게 늘 당부하던 말도 바로 그것이었어요.

김딴지 변호사 　그러면 원고는 가만히 앉아서 책만 보는 것도 잘 해냈습니까?

이래 　많이 힘들어했지요. 나름대로 열심히 했지만, 워낙 활동적인 체질이라 오래 버티지 못했어요. 견디다 못하면 몰래 활쏘기를 하거나 사냥을 하곤 했지요.

김딴지 변호사 　그럴 때 아버지인 피고는 어떻게 했나요?

이래 　많이 실망하고 낙담하셨지요. 전하께서는 양녕 대군에게 말로 타이르기도 하고, 활이나 운동 기구들을 빼앗기도 했어요. 같이 돌아다닌 신하에게 대신 곤장을 치기도 하는 등 별별 노력을 다했지요. 정해진 진도를 채우지 못할 때는 아예 만나 주지도 않으셨고요. 오죽하면 그랬겠어요?

김딴지 변호사 　왕세자인 양녕 대군을 엄하게 공부시키려 했던 피고의 마음은 이해합니다. 하지만 피고는 아버지로서 원고의 소질이나 재능에는 별로 관심을 가지지 않았군요.

이래 　전하나 나의 관심은 어떻게 하면 양녕 대군을 훌륭한 왕세자로 교육시킬 것인가에 있었습니다.

김딴지 변호사 　원고는 꾸중을 듣거나 활을 빼앗긴 다음에는 열심히 공부했나요?

이래　그게 문제였어요. 잠깐 조용하게 공부하다가는 다시 참지 못하고 몰래 활 쏘고 사냥하다가 다시 들키고…… 악순환이었지요. 그러면서 점점 주색잡기에 빠졌어요.

김딴지 변호사　주색잡기에 빠졌다고요?

이래　주색잡기 몰라요? 술, 여자, 음악, 놀이 뭐 그런 것들이 주색잡기이지요.

김딴지 변호사　조금 자세히 말씀해 주시겠습니까?

이래　양녕 대군은 공부하다가 답답할 때는 음악가들을 불러 노래와 음악을 듣곤 했어요. 그럴 때 기생들이 같이 들어왔지요. 그래서 자연스럽게 기생들과 술도 마시고 놀기도 하고 그랬어요.

김딴지 변호사　그랬군요. 주색잡기도 몰래 했겠군요?

이래　당연하지요.

김딴지 변호사　들켜서 문제가 된 적도 꽤 있었겠어요.

이래　그랬지요.

김딴지 변호사　그러면 원고가 주색잡기에 빠진 이유는 무술이나 운동을 하지 못하면서 공부만 해야 하는 상황을 견디지 못해서였겠군요?

이래　뭐, 자기 의지가 약해서이지만 그런 면도 없지 않았겠지요.

김딴지 변호사　원고가 활쏘기나 사냥을 좋아한 것은 공부하기 싫어서가 아니라 그쪽에 선천적인 재능과 관심이 있어서였기도 하겠지요?

이래　물론 그쪽에 재능이 있었지요.

이야기를 충분히 들었다고 판단한 김딴지 변호사는 판사와 배심원들을 향해 돌아섰다.

김딴지 변호사　　존경하는 판사님, 그리고 배심원 여러분! 우리는 지금 증인으로부터 중요한 사실 몇 가지를 확인했습니다. 첫째는 원고는 공부보다는 무술에 소질을 타고났다는 사실입니다. 둘째는 그럼에도 불구하고 원고는 왕세자로서의 공부에 최선을 다했다는 사실입니다. 원고는 여덟 살 때부터 자신의 재능과 적성은 무시하고 공부만을 강요하는 아버지의 뜻에 따라 그렇게 했습니다.

존경하는 판사님, 피고 측 변호인은 피고의 처지 때문에 원고가 태어나자마자 어쩔 수 없이 원고를 외가에 맡겼다고 했습니다. 원고는 피고의 처지라는 그 이유 때문에 태어나자마자 외가에 방치되는 신세를 면하지 못했습니다.

그렇다면 피고는 자신의 처지가 좋아졌을 때 자신의 처지와 야망보다는 당연히 원고의 재능과 소망을 먼저 헤아렸어야 하지 않았을까요? 혹 그렇게는 못하더라도 최소한 원고의 재능과 소망을 최대한 존중해 주었어야 옳지 않았을까요? 하지만 피고는 그렇게 하지 않았습니다. 또다시 왕세자라는 처지를 들어 양녕 대군의 재능과 소망보다는 자신의 바람을 강요했습니다. 그런 억압된 상황 속에서 원고가 방황하고 괴로워한 것은 어찌 보면 당연하지 않겠습니까? 그러므로 그 책임은 결국 아버지로서의 의무를 다하지 않은 피고에게 있는 것이 아니겠습니까?

이대로 변호사 이의 있습니다, 판사님! 원고 측 변호인은 추측성 발언을 하고 있습니다. 판사님, 이번에는 제가 증인에게 몇 가지 질문을 해도 되겠습니까?

판사 그렇게 하세요.

이대로 변호사 증인은 아까 원고 양녕 대군이 스물두 살 이전에는 가끔 사고를 치기는 했지만 그래도 열심히 노력하던 학생이었다고 말씀하셨지요?

이래 그랬습니다.

이대로 변호사 그러던 원고가 스물두 살 전후로 확 바뀌었다는 것인가요?

이래 그랬어요. 양녕은 스물두 살쯤부터 마치 다른 사람이 된 듯했지요.

이대로 변호사 예를 들어 주실 수 있습니까?

이래 한 예로 전에는 그러지 않았는데 갑자기 아버지에게 노골적으로 반항하며 온갖 비행을 저지르기 시작했어요. 공부도 아주 포기하다시피 했고요. 아, 또 하나 들자면, 그동안 사이좋게 지내던 동생 충녕 대군하고도 사이가 아주 나빠졌어요.

이대로 변호사 왜 하필 그때 그렇게 변했을까요?

이래 글쎄요. 자기가 큰아들이고 또 나이도 스물두 살이나 되었으니 이제부터는 마음대로 하겠다는 생각 때문이 아니었을까 싶군요.

이대로 변호사 사이좋던 충녕 대군하고는 왜 사이가 나빠졌나요?

이래 그것은 참 어려운 문제인데요. 그때 충녕 대군은 형을 바른

길로 인도한다고 충고를 하는 일이 참 많았어요. 하지만 양녕 대군은 동생이 잔소리한다며 아주 싫어했지요.

이대로 변호사   그 전에는 충녕 대군이 원고에게 충고하는 일이 없었습니까?

이래   아주 없지는 않았지만 그렇게 심하지는 않았지요.

이대로 변호사   그러면 왜 원고가 스물두 살쯤 되었을 때부터 충녕 대군이 충고하는 일이 많아졌을까요?

이래   아마도 충녕 대군은 형을 좋은 왕으로 만들겠다는 생각을 했던 것 같아요. 그래서 그런지 갑자기 공부도 열심히 하고 또 충고도 자주 하고 그랬지요.

이대로 변호사   그랬군요. 동생은 좋은 마음으로 열심히 공부하면서 충고하는데 형이란 사람은 동생을 싫어하고, 더구나 공부까지 포기하다니 이해가 잘 되지 않는군요.

이래   나도 그 이유를 모르겠어요.

이대로 변호사   증인은 갑자기 변해 버린 원고에게 자극을 주기 위해 충녕 대군을 자주 칭찬했다고 하던데, 사실인가요?

이래   사실입니다. 충녕 대군을 보고 좀 분발하라는 의미에서 그랬지요.

이대로 변호사   결과는 어땠나요?

이래   기대한 것과는 반대였지요. 양녕 대군은 점점 더 공부를 멀리했고 동생하고는 더욱 사이가 나빠졌으니까요.

이대로 변호사   혹시 원고가 동생 충녕 대군에게 열등감을 느껴서 그런 것은 아닐까요?

상황이 양녕 대군에게 불리해지자 김딴지 변호사가 손을 번쩍 들며 자리에서 일어났다.

김딴지 변호사　　이의 있습니다. 판사님, 피고 측 변호인은 원고의 인격을 모독하는 발언을 하고 있습니다.

판사　　이의를 받아들입니다. 피고 측 변호인은 인격 모독적인 말을 삼가세요.

이대로 변호사　　알겠습니다. 다시 증인에게 묻겠습니다. 학문적인 재능은 원고와 충녕 대군 중에서 누가 더 뛰어났습니까?

이래　　그거야 전하조차도 공공연하게 인정할 정도로 충녕 대군이 훨씬 더 뛰어났지요.

이대로 변호사　　피고가 공공연하게 인정했다고요?

이래　　그렇습니다. 언젠가 전하께선 많은 신하들이 있는 자리에서 양녕 대군에게 "너는 어째서 학문이 충녕만 못하냐?" 하고 핀잔을 준 적이 있지요.

이대로 변호사　　그런 일이 있었군요. 그 자리에는 물론 충녕 대군이 없었겠지요?

이래　　웬걸요. 충녕 대군도 함께 있었지요.

이대로 변호사　　그렇군요. 공부는 누가 열심히 했나요?

이래　　충녕 대군이 더 열심히 했지요.

에잇! 세자는 어찌 공부를 동생만도 못하는 것이냐?

이대로 변호사　　그렇다면 원고는 충녕 대군보다 학문적 재능이 부족할 뿐만 아니라 노력조차 제대로 하지 않은 셈이군요. 게다가 증인을 비롯한 주변 사람들은 자꾸 충녕 대군을 칭찬하고…… 그런 상황이라면 원고의 열등감이 점점 깊어졌을 듯한데, 혹시 그런 열등감이 원고의 공부 포기와 충녕 대군에 대한 미움으로 표출된 것이 아닐까요?

존경하는 판사님, 그리고 배심원 여러분! 원고는 공부에 재능이 없었을 뿐만 아니라 동생 충녕 대군에 대한 열등감 때문에 공부를 스스로 포기했습니다. 그러고도 엉뚱하게 피고를 원망하고 있습니다. 그것을 입증해 줄 새로운 증인을 모시고 싶습니다. 판사님, 원고 양녕 대군의 동생인 충녕 대군, 즉 세종 대왕을 불러 주십시오.

판사　　허락합니다. 증인 세종 대왕은 증인석으로 나와 주십시오!

"세종 대왕이라고? 한글을 만든 세종 대왕이 나온다고?"

"허허, 이거 점점 더 재밌어지는데. 세종 대왕은 사실 태종의 셋째 아들이었다가 형이 폐세자 되면서 왕이 된 거 아니야?"

"그러게. 어떻게 보면 운이 좋았다고 할 수도 있지!"

예상치 못한 역사적 거물의 등장에 다들 눈을 동그랗게 뜨고 지켜 보았다. 이윽고 붉은 곤룡포를 입은 세종 대왕이 법정 안으로 천천 히 걸어 들어왔다.

2

양녕 대군은
왜 공부를 포기했을까?

세종 대왕   선서! 나는 이 법정에서 진실만을 말할 것을 맹세합니다.

이대로 변호사는 약간 긴장한 표정으로 세종 대왕에게 다가갔다. 정중하게 목례를 하고는 질문을 시작하였다.

이대로 변호사   너무나 훌륭하신 분을 증인으로 만나게 되어 정말 영광입니다! 조선의 스물일곱 명의 왕들 중 '대왕'이라 불리는 왕은 증인밖에 없답니다. 증인이라면 코흘리개 어린아이도 다 알긴 하겠지만, 간략한 자기소개를 부탁드립니다.

세종 대왕   허허, 너무 띄워 주어 쑥스럽군요. 나는 저기 피고석에 앉아 계신 태종 임금의 셋째 아들이자, 저기 원고석에 앉아 계신 양녕 형님의 동생 충녕 대군이기도 합니다. 1397년에 태어나 1450년에 죽어 역사공화국 영혼이 되었지요. ▶조선의 제 4대 왕으로 **보위**에 올라 있던 시기는 1418년부터 1450년 까지였습니다. 내가 스물두 살이던 1418년은 내게 여러모로 의미 있는 한 해였습니다. 왜냐하면 양녕 형님 대신 셋째 아들인 내가 왕세자로 책봉되었고, 같은 해에 왕위에 올랐기 때문이지요. 충녕 대군이던 시절에는 예상치도 못했던 상황이었습니다. 그리고 32년 동안 조선을 다스렸지요. 후대 사람들은 나를 세종대왕이라고 부르더군요.

이대로 변호사　　감사합니다. 증인은 그 32년이라는 재위 기간 동안 조선의 정치, 경제, 문화, 국방 등 모든 면에서 대한민국 역사상 유례 없는 업적을 쌓으셨습니다. 황희, 맹사성, 박팽년, 정인지, 신숙주, 성삼문 등등 역사에 큰 발자국을 남긴 학자들! 또 측우기를 발명한 과학자 장영실, 쓰시마 섬을 정벌한 이종무와 4군 6진 설치의 주역 최윤덕, 김종서 장군 등등! 어휴, 숨이 다 차는군요. 이런 쟁쟁한 인물들이 증인의 **치세**에 대거 등장했던 건 과연 우연이었을까요? 증인의 화려한 업적에 대해서는 굳이 제가 언급하지 않아도 이미 많이 알려졌으니 더는 설명하지 않겠습니다. 그런데 제가 조사한 바로는 증인도 원고가 혼인하고 반년 만에 혼인하신 것으로 되어 있던데 사실인가요?

보위
왕의 자리를 뜻합니다. '왕위'와 같은 말이지요.

치세
훌륭한 왕에 의해 잘 다스려져 평화로운 세상을 뜻합니다.

교과서에는

▶ 태종이 왕권을 강화하고 나라의 기틀을 다짐으로써 다음 세종 대에는 정치, 경제, 사회가 안정되었고 문화가 융성했습니다. 세종은 궁중에 집현전을 설치하여 뛰어난 학자들을 모아 학문 연구를 장려했고, 유교 정치와 민족의 전통 문화를 꽃 피우는 등 여러 분야에 걸쳐 빛나는 업적을 남겼습니다.

세종 대왕　사실입니다. 양녕 형님은 열네 살 되던 해 7월에 혼인하셨지요. 그로부터 서너 달 후에 둘째인 효령 형님께서 혼인하셨고, 또 두어 달 후에 셋째인 내가 혼인했지요. 그때가 1408년, 내 나이 열두 살 때였지요.

이대로 변호사　삼형제가 거의 동시에 혼인하셨군요. 왜 그런 일이 있었나요?

세종 대왕　글쎄요. 아버지가 판단하고 결정하신 일이라 내가 뭐라 말하기 어렵군요.

이대로 변호사　증인이 열두 살에 혼인을 하고 궁에서 나가실 때 피고 태종께서 무슨 말씀을 하셨는지 기억하시나요?

세종 대왕　물론 기억하지요. "너는 할 일이 없다. 편안히 놀기나 해라"라고 말씀하셨지요.

이대로 변호사　그 말씀이 무슨 뜻인지는 아셨나요?

세종 대왕　참으로 민감한 문제를 물으시는군요. 아마도 아버지의 애정을 남달리 많이 받은 내가 혹시라도 권력에 욕심을 부릴까 걱정하신 듯합니다.

이대로 변호사　솔직하신 말씀에 감사드립니다. 그런 말을 듣고 궁에서 나간 후 증인은 어떻게 하셨나요?

세종 대왕　그때 아버지가 나에게 왜 그런 말씀을 하셨는지 그 사정을 나 또한 대략은 눈치를 챘습니다. 아버지에게 남다른 애정을 받은 내가 궁에서 나간 후에 혹시라도 권력에 욕심을 낸다는 소문이 난다면 세자인 양녕 형님과 사이가 나빠질 것이라는 염려에서 그런 말씀을 하셨을 거예요.

그래서 나는 권력에 욕심이 없다는 내 마음을 알리기 위해 노력했습니다. 어떻게 하면 내 마음을 사람들이 알아줄까 고민하기도 했습니다. 절에 들어가 스님이 될까? 멀리 떠나 버릴까? 별별 생각을 다 해 보았습니다. 하지만 그럴 수는 없었습니다. 나를 낳아 주시고 길러 주신 부모님에게 자식의 도리를 다하려면 부모님 가까이 머물러야 했습니다. 부모님 가까이 머물면서 사람들에게 내 마음을 알리기 위한 방법은 하나밖에 없었습니다. 바로 예술가가 되는 것이었지요. 나는 예술가로 한평생을 살 생각을 하고 그림, 음악, 글씨 등등 다양한 예술 분야에 취미를 붙이고 다른 공부는 하지 않았어요.

이대로 변호사   예술이 적성에 맞기는 하셨습니까?

세종 대왕   적성이오? 솔직히 말씀드리자면 내 적성에 맞지는 않았지요.

이대로 변호사   그렇군요. 적성에 맞지도 않으면서 형님인 원고에게 정치적으로 위협이 되지 않기 위해서 예술가의 길을 선택하셨군요. 그렇다면 증인의 적성에 맞는 것은 무엇이었습니까?

세종 대왕   허허! 나는 공부가 적성에 잘 맞았어요. 책을 읽고 생각하는 것이 너무나 즐거웠지요. 책을 잡으면 밥 먹는 것도 잊어버리고, 심지어 잠자는 것까지 잊어버릴 정도로 재미있었으니까요.

이대로 변호사   그러셨군요. 그렇다면 형님인 원고의 적성은 어땠습니까?

세종 대왕   형님은 성격이 활달하셔서 그런지 운동과 무술을 좋아

왜 양녕 대군은 세자의 자리에서 쫓겨났을까?

하셨습니다.

이대로 변호사　　그런데 제가 조사한 바로는 증인은 궁에서 나간 뒤 7년쯤 되던 해부터 갑자기 예술가의 길을 버리고 공부를 시작했다고 하던데, 사실인가요?

세종 대왕　　그랬지요.

이대로 변호사　　그 이유를 자세히 좀 말씀해 주시겠습니까?

세종 대왕　　허허! 그러지요. 나는 혼인하고 궁에서 나간 지 한 7년쯤 되던 해에 예술가의 길을 접고 다시 공부에 전념하기 시작했습니다. 그때 나는 웬만한 예술은 거의 다 배운 상태였지요. 적성에 맞지 않아서인지 더 이상 예술에는 흥미가 생기지 않았어요. 그때 나는 열아홉 살이었습니다. 나는 이미 궁에서 나온 지 7년이나 되었고 또 양녕 형님도 스물두 살이시라 권력에 욕심이 없다는 내 본심을 충분히 이해해 주실 것이라 생각했습니다. 그래서 좀 더 적극적으로 형님을 도와드릴 수 있는 방법이 무엇일까 생각해 보았습니다. 만약에 내가 계속해서 예술가로 살아간다면 형님에게 별 도움이 되지 않을 것이라 판단했습니다. 형님은 무술과 운동 쪽에는 많은 관심을 기울이면서도 공부에는 별로 관심을 기울이지 않으셨는데, 그런 형님을 도울 수 있는 방법은 내가 열심히 공부해서 형님이 필요로 할 때 옆에서 도와드리는 것이라 생각했습니다. 형님이 임금이 되신 뒤 형님의 운동과 무술 실력에 나의 공부가 합쳐진다면 나라에도 큰 도움이 될 것이라 판단했지요.

이대로 변호사　　그렇군요. 증인은 열심히 공부하면서 원고도 자주 만나셨나요?

세종 대왕　　그랬지요. 내가 다시 공부하기로 결심한 이유는 양녕 형님이 훌륭한 임금이 되도록 돕기 위해서였어요. 그래서 형님을 자주 만나 잘못하시거나 실수하시는 일이 있으면 실례를 무릅쓰고 충고하곤 했지요.

이대로 변호사　　그럴 때 원고의 반응은 어땠습니까?

세종 대왕　　형님이 나의 뜻을 오해하셨는지 꽤 언짢아하셨어요.

이대로 변호사   예를 들어 주실 수 있겠습니까?

세종 대왕   내가 스무 살 때였지요. 9월 19일이 어머니 제삿날이라 나는 양녕 형님하고 절에 가서 불공을 드렸어요. 그런데 불공이 끝나자마자 형님이 잡인들과 바둑을 두시는 거예요. 나는 비록 평일이라고 해도 세자이신 형님이 잡인들과 바둑을 두면 공부에 방해가 된다고 생각했는데, 하필 어머니 제삿날에 그렇게 하시는 거예요. 사람들이 겉으로 말은 안 하지만 속으로 뭐라고들 하겠어요? 그래서 그러지 말라고 말씀드렸지요. 그러자 형님이 "너는 관음전에 가서 낮잠이나 자라!" 하며 크게 역정을 내시더군요. 내가 하는 충고를 듣기 싫은 잔소리쯤으로 생각하셨던 것 같아요.

이대로 변호사   흠. 증인의 증언을 들으니 원고의 행실에 분명 문제가 있긴 있었군요.

세종 대왕   휴. 그렇게 생각할 수도 있겠지요. 더군다나 그때 양녕 형님에게 충고하는 사람이 거의 없었거든요. 아버지 말씀도 잘 듣지 않는 양녕 형님인데 누구 말을 듣겠어요? 게다가 형님은 장차 나라의 대통을 이을 세자이셨잖아요. 나중에 임금이 되실 형님한테 누가 감히 듣기 싫은 충고를 하겠습니까? 모두들 아부하기에 바빴지요. 그런 상황에서 나마저 형님에게 충고하지 않으면 안 되겠다 생각했어요. 그래서 오직 나만이 형님에게 듣기 싫은 충고를 할 수 있다는 사명감으로 계속했지요.

이대로 변호사   정말 깊은 뜻이 있으셨군요. 하지만 원고는 그때 스무 살이 훨씬 넘었는데도 증인의 깊은 뜻을 전혀 알지 못했지요? 마

치 철부지처럼 말이지요.

김딴지 변호사   이의 있습니다. 판사님, 피고 측 변호인은 원고를 함부로 모욕하고 있습니다. 이번에는 제가 증인 세종 대왕에게 질문하게 해 주십시오.

판사   이의를 받아들입니다. 원고 측 변호인은 증인에게 질문하세요.

김딴지 변호사   감사합니다, 판사님. 유명하신 증인을 만나게 되어 영광입니다. 제가 질문 중에 혹 결례를 범하더라도 널리 용서해 주시기 바랍니다.

세종 대왕   허허, 부담 갖지 마시고 질문하세요.

김딴지 변호사   감사합니다. 아까 증인은 열두 살에 혼인했다고 말씀하셨는데요, 그 정도 나이라면 이것저것 알 만한 나이라 생각됩니다. 그 당시 증인 때문에 큰형님이신 원고나 외가 식구들이 매우 불안해하던 일은 기억하시나요?

세종 대왕   눈치는 채고 있었지요. 아버지께서 내게 좀 남다른 애정을 보이셔서 양녕 형님이 언짢아하시는 일이 많았어요.

김딴지 변호사   좀 남다른 애정이 아니라 솔직히 편애했던 것이 아니었습니까?

세종 대왕   그것 참 대답하기 곤란하게 말씀하시는군요. 그때는 내가 어린 마음에 부모의 사랑을 너무 욕심낸 것은 아닌가 하는 반성이 되는군요.

김딴지 변호사   아까 증인은 궁에서 나간 뒤 7년쯤 되던 해부터 갑자기 예술가의 길을 버리고 공부를 시작했다고 하셨는데요. 기억나시나요?

세종 대왕　물론 기억나지요.

김딴지 변호사　혹시 갑자기 권력과 정치에 대한 욕심이 나서서 그런 것이 아닌가요? 다시 말해서 원고의 세자 자리가 탐이 나서 그런 것은 아니었습니까?

이대로 변호사　이의 있습니다! 판사님, 지금 원고 측 변호인은 증인의 인격을 모독하는 발언을 하고 있습니다! 제지해 주십시오.

판사　피고 측 변호인의 요청을 받아들입니다. 원고 측 변호인은 발언에 좀 더 신중을 기해 주기 바랍니다.

김딴지 변호사　네, 판사님. 흠흠. 하지만 이 점은 분명히 밝혀야겠습니다. 아까 증인은 원고를 위해 일부러 예술가의 길을 선택했다고 말씀하셨는데, 증인이 진정 원고를 위했다면 원고가 바라는 일을 했어야 옳을 것입니다. 하지만 증인은 열아홉 살이 되던 해부터 의도적으로 원고가 싫어하는 일만 골라 했습니다. 예술가의 길을 포기하고 원고에게 잔소리를 하기 시작한 것은 분명 권력에 대한 욕심 때문이었을 것입니다. 그런데도 증인은 원고를 위해 그렇게 했다고 억지 주장을 펴고 있습니다.

판사　원고 측 변호인의 주장에는 무리가 있습니다. 증인 세종 대왕도 자기 생각을 말할 수 있습니다. 증인의 말이 얼마나 진정성이 있는지는 배심원들이 판단할 것입니다.

지금까지 양측 변호인의 변론과 증인들의 증언을 들어 보니 이번

왜 양녕 대군은 세자의 자리에서 쫓겨났을까?

사건의 윤곽이 잡히기 시작하는군요. 오늘 재판에서는 원고 양녕 대군이 청소년 시절 보여 준 방황과 비행이 과연 어떤 내용이었으며 그 원인이 무엇이었는지를 살펴보았습니다. 시간이 다 되었으니 오늘은 이것으로 마치겠습니다. 일주일 뒤에 있을 세 번째 재판에서 원고 양녕 대군의 방황에 대한 책임이 누구에게 있는지 결론을 내리면 되겠군요. 그럼 두 번째 재판을 마치겠습니다.

땅, 땅, 땅!

조선 왕세자의 신부 간택법

　한 나라의 대통을 잇게 될 왕세자는 어떻게 신부를 맞이하고 혼례를 치렀을까요? 왕세자는 그 임무가 막중한 만큼 아무하고나 혼인할 수 없었답니다. 왕세자는 보통 15세를 전후하여 혼례를 올렸습니다. 왕세자의 부인인 왕세자빈도 비슷한 또래의 나이였지요. 왕세자빈을 뽑는 것은 엄정한 절차와 기준에 따라 이루어졌는데 이를 '간택'이라 합니다. 일단 왕실의 세자가 혼인할 때가 되면 '가례도감'이라는 임시 관청을 설치하고 전국에 금혼령을 내렸습니다. 금혼령은 왕의 배우자가 될 만한 나이에 있는 처녀들의 혼인을 금하는 명령이었지요.

　금혼령과 함께 처녀를 둔 가문에서는 조정에 보고하도록 했습니다. 이 보고서를 '처녀 단자'라 했지요. 처녀 단자에는 처녀의 생년월일시와 거주지, 그리고 조상들의 이력을 써서 가문의 내력을 파악할 수 있게 하였습니다. 단자를 낼 수 있는 자격은 일단 선비 집안이어야 하고, 부모가 모두 살아 있어야 하고, 이(李)씨가 아니어야 했지요. 처녀 단자가 접수되면 왕실에서는 이를 기초로 세 차례에 걸친 간택 절차를 밟았어요. 이를 초간택, 재간택, 삼간택이라 했습니다. 세 번의 간택 절차를 통해 최종적으로 한 명이 선발되었어요. 이는 주로 왕실 여성 중 가장 높은 자리에 있는 대비가 주관하였지요. 하지만 말이 간택이지, 실은 정치적인 목적으로 신붓감을 미리 정해 놓고 간택 절차는 형식적으로 하는 경우가 많았답니다.

다알지 기자

저는 지금 양녕 대군 대 태종의 둘째 날 재판을 마친 한국사법정에 나와 있습니다. 오늘 재판에서는 양녕 대군이 문제아이자 불량 세자였는지를 놓고 원고와 피고 사이에 날선 공방이 오고 갔습니다. 아, 마침 재판을 마친 양측 변호사께서 나오고 계십니다. 이번에는 양측 변호사와 인터뷰를 해 보도록 하겠습니다. 먼저 원고 측 김딴지 변호사의 이야기를 들어 보도록 하겠습니다. 김딴지 변호사님, 오늘 재판에서 원고에 대한 변호가 충분했다고 생각하십니까?

김딴지 변호사

　　제가 변호사 생활을 한 지 여러 해가 지났지만 늘 부족하다고 생각합니다. 오늘 역시 원고 양녕 대군에 대한 변호가 충분하지 못했다는 생각이 드는군요. 아마도 그것은 양녕 대군에 관련된 기록들이 대부분 악의적이라 그럴 것입니다. 지난 첫 번째 공판에서 저는 증거 자료로 『세종실록』을 제출했는데요. 잘 아시다시피 『세종실록』에는 주로 세종 대왕에게 유리한 이야기들이 들어 있습니다. 그래서 상대적으로 원고 양녕 대군에게는 불리한 내용이 담겨 있지요. 역사적으로 보면 양녕 대군은 패배자이고 기록에서도 패배자입니다. 이렇게 불리한 상황이라 양녕 대군의 아픔과 상처를 설득력 있게 전달하기가 무척 힘이 드는군요.

이대로 변호사

　이번 재판 내내 피고 태종께서 아들인 양녕
대군에게 충분한 사랑을 주지 않은 것이 문제였
다는 점이 계속 부각되더군요. 물론 부모가 자식에
게 무조건적인 사랑을 주어야 한다는 점에는 동의합니다. 하지만 공과
사는 구별해야지요. 왕세자는 엄하게 길러져야 하고, 만약 그런 왕세
자에게 문제가 있다면 과감히 내쳐야 합니다. 국가 대사를 사적인 감
정으로 처리하면 나라가 잘못될 테니까요. 물론 왕세자는 왕의 큰아들
이 되는 것이 가장 좋습니다. 하지만 큰아들에게 문제가 있을 경우에
는 보다 훌륭한 아들에게 세자 자리를 넘겨주는 것이 나라를 위해 꼭
필요한 일입니다. 그래서 왕자들 사이에는 어쩔 수 없이 경쟁이 존재
합니다. 원고는 형제간의 경쟁에서 패배한 것에 불과해요.

양녕 대군을 둘러싼 사람들

조선의 제3대 왕인 태종의 맏아들로 세자로 책봉되기도 했던 양녕 대군. 그를 둘러싼 사람들의 이야기를 들으며 양녕 대군의 삶을 되짚어 보기로 해요.

양녕 대군의 첫째 아우, 효령 대군

태종의 둘째 아들이자 양녕 대군의 동생인 효령 대군은 스님이 되었지요. 양녕 대군과의 일은 『어우야담』이라는 책에 전해지고 있답니다. 스님이 된 효령 대군이 불공을 올리고 있는데 양녕 대군이 꿩과 토끼를 굽고 술을 데워 마시며 놀았다고 해요. 이를 본 효령 대군이 "형께서 이렇게 악한 짓을 하시니 후에 지옥에 가실 것이 두렵지 않으십니까?"라고 하였지요. 그러자 양녕 대군은 "나는 살아서는 국왕의 형이 되어 마음대로 놀고, 죽어서는 보살의 형이 되니 어찌 지옥에 떨어지겠는가?"라고 답하였다고 하지요.

양녕 대군의 둘째 아우, 세종 대왕

1418년 태종은 세자 이제를 폐하고 셋째 아들인 충녕 대군을 세자로 삼았어요. 『태종실록』에 따르면 세자를 폐한 이유를 "행동이 지극히 무도하여 종사를 이어받을 수 없다고 대소 신료가 청하였기 때문에"라고 적혀 있어요. 형을 이어 세자가 된 충녕 대군은 조선의 제4대 왕인 세종 대왕이 된답니다. 왕이 된 세종 대왕은 유배된 양녕 대군을 석방하였고 늘 배려해 주었다고 전하지요.

양녕 대군을 믿은 정승, 황희

양녕 대군은 시와 서에 뛰어났음에도 불구하고 여러 가지 기이한 행동을 많이
했어요. 엄격한 궁중 생활, 특히 왕세자로서 지켜야 할 모습에서 많이 벗어난
행동을 보였지요. 이에 유정현 등의 신하들이 상소하여 세자에서 폐위시킬 것
을 주장하였답니다. 하지만 양녕 대군의 폐위를 반대한 신하도 있었어요. 바로
이조 판서였던 황희예요. 실제로 황희는 이 일로 태종의 노여움을 사서 6년간
이나 귀양살이를 하기도 했답니다.

양녕 대군의 믿음을 받은 임금, 세조

세종 대왕의 뒤를 이어 왕이 된 것은 세종의 맏아들인 문종이에요. 하지만 문종은 몸이 약해 곧 병으로 죽고, 그 뒤를 이어 열두 살 어린 나이의 단종이 왕이 되었지요. 이에 세종 대왕의 아들이자 단종의 숙부였던 수양 대군이 난을 일으켜요. 이때 양녕 대군은 수양 대군의 편을 들게 된답니다. 계유정난을 일으켰음에도 불구하고 양녕 대군이 수양 대군을 믿었기 때문이겠지요. 이후 수양 대군은 조선의 제7대 왕인 세조가 되었답니다.

양녕 대군은 왕의 자질이 부족했을까?

1. 양녕 대군은 감정을 절제하는 능력이 부족했을까?
2. 양녕 대군은 정치적 자질이 부족했을까?

교과연계

한국사
II. 고려와 조선의 성립과 발전
  2. 유교 정치의 이상을 꽃피운 조선
    (1) 민본 이념을 구현하기 위한 통치 체제를
      갖추다
    (3) 민족 문화가 크게 발전하다

양녕 대군은 감정을 절제하는
능력이 부족했을까?

판사 양녕 대군이 소송을 제기한 사건에 대한 마지막 재판을 시작하겠습니다. 원고 측에서 중요한 증거를 제출하겠다고 통지했는데 궁금하군요. 그럼 원고 측 변호인, 시작해 보시지요.

김딴지 변호사 존경하는 판사님, 배심원 여러분, 오늘 제가 제출하는 증거 자료는 사실 재판 첫째 날에도 일부 인용했던 것입니다.

김딴지 변호사는 책 한 권을 판사에게 제출했다.

판사 제목이 『세종장헌대왕실록 권3』이네요. 책 이름이 참 길군요! 어떤 책인지 설명해 주시겠습니까?

김딴지 변호사 이 책은 총 163권으로 구성된 『세종장헌대왕실록』

중의 제3권입니다. 『세종장헌대왕실록』은 줄여서 『세종실록』이라고도 하는데, 바로 세종 대왕 재위 32년간(1418~1450)의 역사를 기록한 책입니다. 『세종실록』은 세종 대왕이 승하한 지 2년이 지난 문종 2년(1452)부터 편찬하기 시작해서 2년 후인 단종 2년(1454)에 완성하였습니다. 『세종실록』 제3권은 세종 대왕 1년(1419) 1월부터 4월까지 3개월간의 역사를 기록하고 있습니다.

승하
왕처럼 높은 사람이 세상을 떠난 것을 뜻하는 표현입니다.

판사　세종 대왕 재위 기간의 일들이 163권에 기록되어 있다니 대단하군요!

김딴지 변호사　그렇습니다. 다들 아시다시피 원고는 이른바 '어리 사건'으로 왕세자 자리에서 쫓겨났습니다. 원고가 문제아, 반항아, 비행 청소년이란 온갖 불명예를 뒤집어쓰게 된 결정적인 사건이 바로 '어리 사건'이었습니다. 따라서 '어리 사건'에 대한 정확한 이해야말로 본 재판의 핵심이라고 하겠습니다.

판사　'어리 사건'이라고요? 그게 대체 무엇입니까?

김딴지 변호사　지금부터 차근차근 말씀드리겠습니다. 원고 양녕 대군은 '어리'라는 이름의 한 여인을 사랑하였습니다. 하지만 아버지인 피고의 반대로 뜻을 이루지 못했지요. 그리고 이 일로 인해 세자의 체통에 맞지 않는 행실을 저질렀다고 비난을 받았습니다.

판사님! '어리 사건'의 원인과 전개 과정, 그리고 그 결과가 바로 『세종실록』 제3권에 기록되어 있습니다. 오늘 제가 많은 분들이 보시라고 복사본을 여러 개 만들고, 또 중요 부분에는 밑줄까지 쳐서

가지고 왔습니다. 이것을 배심원들께 드려도 되겠습니까?

판사 좋습니다.

김딴지 변호사는 준비해 온 복사본을 배심원들에게 나누어 주었다. 그리고 헛기침을 한 번 하고 여유 있게 말을 이었다.

김딴지 변호사 이 책의 내용 가운데 우리 재판과 직접 관련된 중요한 사항을 말씀드리겠습니다. 첫째, 어리라고 하는 여인은 원고 양녕 대군의 진정한 첫사랑이었다는 사실입니다. 이 책에 원고가 다음과 같은 말을 하는 내용이 나오는군요.

어리가 예쁘다는 소문을 오래전부터 들었지만 그녀가 한양 밖에 있어서 어떻게 할 수가 없었다. 후에 어리가 한양에 돌아왔다는 소문을 듣고 내가 직접 그 집에 가서 나오라고 했더니 어리가 억지로 나왔는데 머리에 녹두분이 묻고 세수도 하지 않은 상태였다. 그러나 한눈에 봐도 미인임을 알 수 있었다. 다음 날 저녁에 어리는 머리도 감고 연지분도 발라 예쁘게 화장한 후 말을 타고 내 뒤를 따라 궁궐로 들어왔다. 그때 어렴풋이 비치는 불빛 아래 그 얼굴을 바라보니, 잊으려고 해도 잊을 수 없이 아름다웠다.

여러분, 제 말을 직접 확인하고 싶으시면 이 책의 1월 30일 자의 밑줄 친 곳을 보십시오. 모두들 제가 읽은 것이 거짓이 아니라는 것

오~ 네가 어리냐?
소문대로 미인이로구나!

을 확실히 아시겠지요?

"이야, 정말이네!"

"어디, 어디? 나도 좀 보자고!"

어리에 관한 기록을 살펴보며 사람들이 웅성거렸다.

김딴지 변호사　　원고가 첫사랑 어리를 만났을 때가 1417년으로 원고 나이 스물세 살이었습니다. 그동안 원고는 아버지가 정해 준 여인과 혼인했고, 또 아버지가 원하는 공부도 했습니다. 자신의 적성과 희망은 모두 접어 둔 채 오로지 아버지의 뜻대로만 살아왔던 것입니다. 그렇게 청소년기를 보낸 원고는 스물세 살에 어리를 만나 첫사랑에 빠졌습니다. 원고는 첫사랑 어리를 자기 목숨보다 더 사랑했습니다. 이 책에는 원고의 그 불같은 첫사랑이 고백되어 있습니다.

　　배심원들은 『세종실록』을 신기한 듯 훑어보았다. 김딴지 변호사는 이 모습을 보고 득의만만한 표정을 지으며 말을 이어 갔다.

김딴지 변호사　　둘째, 원고의 첫사랑을 피고는 아버지로서 이해해 보려고 노력하기는커녕 구제 불능의 비행으로 매도했습니다. 어리 사건을 처음 알게 된 피고는 "세자의 행실이 이와 같으니 태갑을 내쫓았던 고사를 본받고자 한다"라고 말했습니다. '태갑을 내쫓았던 고사'란 중국 은나라 때 있었던 일로서 왕이 방탕하자 신하들이 왕을 내쫓았다는 고사입니다. 즉 어리 사건을 핑계로 원고를 세자 자리에서 내쫓으려 했던 것입니다. 원고는 당시 신하들이 반대하여 세자 자리를 빼앗기지는 않았지만 일주일이나 궁 밖으로 쫓겨나는 수모를 당했습니다.

　　피고는 그 이전에 벌써 원고를 구제 불능의 불량 세자로 단정하고 어떻게 하면 세자 자리에서 쫓아낼까 핑계를 찾았던 것 같습니다.

'어리 사건'을 듣자마자 마치 기다렸다는 듯이 태갑의 고사를 언급하였고, 심지어는 "태조께서는 문무에 통달하셨는데 지금 세자는 한 가지도 통달한 것이 없으니 어떻게 조선의 치욕을 씻을 것인가?"라는 말까지 하면서 궁 밖으로 쫓아냈던 것입니다. 명색이 아버지인데 아들을 치욕스럽게 생각한다는 것이 말이 됩니까? 피고는 원고가 어렸을 때 아버지로서의 의무를 저버린 것은 물론이고, 원고가 크자 피고 자신의 입장과 희망만을 강요했습니다. 그래서 원고가 상처 받고 방황했던 것인데, 오히려 그런 원고를 이해하려고 하지 않고 치욕스럽게 생각했습니다. 자신을 치욕스럽게 생각하는 아버지에게 어떻게 존경심이 들겠습니까? 궁 밖으로 쫓겨난 원고가 아버지에 대해 반항심이 든 것은 당연한 일이 아니겠습니까? 배심원 여러분, 제가 첨부한 『태종실록』의 밑줄 친 부분에서 지금 제가 한 말을 확인하실 수 있을 것입니다.

방청객들은 안쓰럽다는 표정으로 양녕 대군을 바라보았다. 이때 이대로 변호사가 무엇인가를 골똘히 생각하다가 벌떡 일어나서 말하기 시작했다.

이대로 변호사　존경하는 판사님! 저 역시 어리 사건을 알고 있습니다. 피고가 어리 사건을 듣자마자 원고 양녕 대군을 궁 밖으로 쫓아낸 것은 놀랄 일이 아닙니다. 비슷한 사건들이 오랫동안 쌓였기 때문에 당연한 처벌이었습니다.

"뭐라고? 그런 사건이 오랫동안 누적되었다고?"

"그렇다면 어리가 양녕 대군의 첫사랑이 아니라는 말인가?"

방청석이 또다시 술렁이기 시작했다. 이에 힘이 난 이대로 변호사가 당당한 표정으로 말을 이었다.

이대로 변호사　　어리는 절대 원고의 첫사랑이라고 할 수 없습니다. 원고는 열네 살에 혼인한 후 헤아릴 수 없이 많은 기생들과 어울렸습니다. 열일곱 살 때는 봉지련이라는 기생을 만나다 아버지에게 발각된 적이 있지요. 그 후에도 원고는 여러 차례 다른 기생과 몰래 만나다 들킨 전력이 있습니다. 그런 원고에게 스물세 살 때 만난 어리가 첫사랑이었다고요? 허허. 이 주장은 전혀 사리에 맞지 않습니다.

김딴지 변호사　　이의 있습니다, 판사님! 피고 측 변호인은 함부로 원고를 모욕하고 있습니다.

판사　　자, 모두들 흥분을 가라앉히고 재판에 차분히 임해 주시기 바랍니다.

이대로 변호사　　알겠습니다. 흠흠. 이번에는 원고에게 직접 질문하겠습니다.

판사는 고개를 끄덕였고, 이대로 변호사는 가벼운 목례를 한 뒤 원고 양녕 대군 쪽으로 돌아섰다.

이대로 변호사　　원고는 열일곱 살이 되던 1410년에 봉지련이라는 기생을 만난 적이 있었지요?

양녕 대군   흠…… 그렇습니다.

이대로 변호사   실록을 보면 원고는 기생 봉지련을 세자궁에 불러들였다가 아버지에게 발각되어 봉지련이 옥에 갇힌 일도 있었다고 합니다. 그러자 원고는 근심하면서 밥도 먹지 않았다고 하고요. 이게 사실입니까?

양녕 대군   오래전 일이라 가물가물하긴 한데…… 그때 내가 밥도 먹지 않으면서 걱정한 건 봉지련 때문이 아니라 아버지가 나에게 실망하셨을까 봐 그랬던 것 같아요.

이대로 변호사   아, 그러셨군요. 봉지련 이후에 더 이상 다른 기생들을 만나지 않았습니까?

양녕 대군   참, 난처한 질문을 하는군요. 봉지련 이후에도 다른 기생들을 많이 만났지요.

이대로 변호사   그러다가 아버지에게 들켜서 질책을 받곤 했지요?

양녕 대군   뭐, 그랬지요.

이대로 변호사   그럴 때마다 밥을 굶거나 공부를 하지 않거나 하셨지요?

양녕 대군   흠…… 그랬습니다.

이대로 변호사   존경하는 판사님! 원고는 본인의 입으로 어리를 만나기 전에 이미 여러 여인들을 만났다고 했습니다. 어리 역시 그 여인들과 마찬가지로 기생이었습니다. 원고는 상습적으로 기생들을 만나 사랑했던 것입니다. 그런데 첫사랑을 몰라줬다는 식으로 원고를 옹호하다니요? 이는 납득이 안 되는군요. 더군다나 원고는 이미 혼인까지 한 세자의 신분이 아니었습니까?

　자신이 제출한 증거가 힘을 잃어 가는 것을 보고 당황한 김딴지 변호사가 자리에서 일어났다.

김딴지 변호사　　원고가 어리 이전에 여러 기생들을 만난 것은 사실입니다. 하지만 당시 원고에겐 왕세자라는 막중한 책임과 임무만 주어졌을 뿐, 아버지인 피고조차 따스한 애정과 관심을 보여 주지 않았습니다. 이런 환경에서 자란 원고가 공허한 마음에 여러 여인들과 어울렸던 건 어쩔 수 없는 일 아니었을까요? 우리는 원고가 어떤 상처를 지닌 채 자라 왔는지 헤아려 볼 필요가 있습니다!

이대로 변호사　　이의 있습니다! 지금 원고 측 변호인은 지나치게 감정에 호소하는 발언을 하고 있습니다! 그렇다고 해서 조선 왕조의 대통을 이을 왕세자의 자리를 가볍게 보아서는 안 됩니다. 지금부터는 피고 태종에게 이 문제를 어떻게 생각하는지 직접 질문해 보고 싶습니다.

판사　　그렇게 하십시오.

이대로 변호사　　피고, 피고는 원고 양녕 대군이 어리라는 여인을 만났다는 걸 알았을 때 어떤 기분이 들었습니까?

태종　　흠! 내 맏아들을 두고 이런 말을 하기가 민망하오만, 나는 옛날 버릇이 또 튀어나왔다고 생각했소.

이대로 변호사　그렇다면 이전과 달리 원고가 어리를 만난 사실을 알았을 때 '태갑의 고사'를 인용하면서 원고를 세자 자리에서 쫓아내려고 한 이유는 무엇인가요?

태종　양녕과 어리의 만남은 만남의 과정 자체가 불법이자 부도덕한 행실이었소. 어리 이전에 양녕이 만난 여인들은 기생이었소. 그래서 도덕적으로나 윤리적으로는 문제가 있었지만 법적으로는 문제될 것이 없었어요. 하지만 어리는 그때 곽선이라고 하는 사람의 첩이었다는 게 문제였지! 양녕은 세자 자리를 이용해 남의 부인을 강탈했던 것이오. 내 아들이지만 참 부끄러운 일이었소! 흠. 그런 행동을 첫사랑이었다고 감싸 주어야 합니까? 나는 어리 사건을 알자마자 어리도 쫓아내고 양녕도 외가로 쫓아냈어요. 나는 양녕이 외가에서 반성하고 새 사람이 되기를 바랐지요.

이대로 변호사　그러셨군요. 그래서 원고가 많이 반성했나요?

태종　허허. 겉으로는 그랬지요. 다시는 그런 일을 하지 않겠다고 울면서 맹세까지 했으니까요. 새 사람이 되겠다는 반성문을 써서 종묘의 조상님 앞에서도 맹세했지요.

이대로 변호사　그런데 원고는 어리 사건 이전에도 많은 기생과 만났다고 했습니다. 그때마다 헤어지라고 하셨습니까?

태종　그렇게 했지요.

이대로 변호사　그때는 순순히 헤어졌나요?

태종　그랬지요.

이대로 변호사　그 이후에 원고는 어리와 완전히 헤어졌나요?

종묘
역대 왕과 왕비의 위패를 모시는 왕실의 사당이지요.

태종　나는 양녕이 내 앞에서 울면서 반성하고, 또 종묘의 조상님들 앞에서까지 반성하기에 진정으로 뉘우쳤다고 생각했소. 당연히 어리와도 헤어졌으리라 믿었지. 하지만 나중에 그렇지 않다는 것을 알았소. 나 몰래 어리를 궁으로 들였더군. 그것은 임금이자 아버지인 나를 속인 것일 뿐만 아니라 조상님들까지 속인 짓이었소.

이대로 변호사　그래서 어떻게 하셨나요?

태종　물론 크게 혼을 내고 어리와 헤어지라고 했소. 허허, 그랬더니 양녕이 마치 미친 사람처럼 대들더군. 결국 구제 불능이라고 생각해서 양녕을 세자 자리에서 쫓아내는 지경까지 가게 되었소.

　　이때 태종의 증언이 자기에게 유리하다고 생각한 김딴지 변호사는 기회를 잡았다는 표정으로 일어나 질문을 던졌다.

김딴지 변호사　잠시만요! 한 가지 질문하고 싶은 게 있습니다. 조금 전에 피고는 어리와 헤어지라고 했을 때 원고가 미친 사람처럼 대들었다고 하셨지요?

태종　그랬소.

김딴지 변호사　또 어리 이전에는 헤어지라고 하면 순순히 헤어졌다고도 하셨지요?

태종　그랬지요.

김딴지 변호사　원고가 왜 그랬겠습니까? 바로 어리에게 진정한 사랑을 느꼈기 때문입니다. 그런데도 피고는 무조건 헤어지라고만 하

흑~ 내 사랑 어리!
그대는 이 달 밝은 밤 어디에
있을까? 왕세자는 사랑도 해서는
안 된단 말인가? 흑흑흑….

셨지요?

태종　왕세자가 그래서는 안 되니까 그랬던 것이오.

김딴지 변호사　왕세자도 사람인데 사랑을 느낄 수 있는 것 아닌가요? 왕세자는 감정도 없고 마음도 없어야 하나요? 게다가 원고는 다른 여인과 달리 어리를 특별히 사랑하지 않았습니까?

태종　왕세자라면 왕세자답게 사랑해야 해요. 물론 왕세자도 사람이니 감정도 있고 마음도 있겠지요. 하지만 변호사 양반은 권력이 무엇이라 생각하시오?

김딴지 변호사 갑자기 무슨 말씀이신가요?

태종 권력은 무서운 것이오. 피도 눈물도 없는 것이지요. 자기의 감정이나 마음을 다스리지 못하는 사람은 권력을 다스릴 수 없어요.

김딴지 변호사 그것하고 어리 사건하고 무슨 관계가 있나요?

태종 관계가 깊소. 나는 시험해 본 것이오. 양녕이 자신의 감정을 이길 수 있는지 없는지를. 하지만 양녕은 자신의 감정을 이기지 못했소.

김딴지 변호사 자신의 감정을 이기지 못한 것이 아니라 자신의 감정에 충실했던 것이 아닌가요?

태종 좋소. 그때 어리에 대한 양녕의 감정을 첫사랑이라고 칩시다. 그렇다고 해도 그때 양녕은 헤어지는 것이 도리에 맞았소. 냉정하게 생각하면 양녕은 부녀자를 납치해서 첫사랑에 빠진 것이니까. 게다가 양녕이 어리를 다시 입궁시켰다가 발각되었을 때 궁중 안은 비상사태였다오. 내 막내아들이자 양녕의 막내아우이기도 한 성녕 대군이 그즈음에 세상을 떠났소. 그런 상황인데도 양녕은 자신의 감정에만 빠져 동생의 죽음을 슬퍼하지도 않았고, 어리와 헤어지라는 아비의 말도 거역했소. 그뿐이 아니었지요. 충고하는 모든 사람들을 원수 대하듯 했소이다. 사랑도 결국 인간의 감정일 뿐이라오. 그런 감정을 절제하고 다스리지 못해서 주변 사람 모두를 적으로 만든다면 왕이 될 자격이 없소. 그래서 나는 양녕을 세자 자리에서 쫓아냈던 거요. 그 대신 어리와 함께 살게 했다오. 양녕이 왕세자 자리보다 어리와의 사랑을 더 소중하게 생각했다면 불만을 갖지 말았어야지.

김딴지 변호사　　그렇다면 인간적인 감정을 가진 사람은 훌륭한 왕이 될 수 없단 말씀이십니까? 저는 비록 권력이 무엇인지 잘 알지는 못하지만 인간적인 사람도 충분히 훌륭한 왕이 될 수 있다고 생각합니다. 피고는 그렇게 생각하지 않으시나 보군요.

태종　　내 생각이 그렇다는 것이 아니라 역사가 그렇게 증명하고 있지요.

2

양녕 대군은 정치적 자질이 부족했을까?

김딴지 변호사　피고는 역사를 이야기하셨습니다. 저는 인간적이고 감정적인 사람도 충분히 훌륭한 왕이 될 수 있음을 보여 주는 역사도 많다고 생각합니다. 원고가 세자 자리에서 쫓겨나기 직전에 피고에게 상소문을 올린 적이 있지요?

태종　그렇소.

김딴지 변호사　그 상소문에서 원고는 "한나라 고조 **유방**은 산둥 지방에서 살 때 재물을 탐내고 여색을 좋아하였지만 마침내 천하를 평정하고 황제에 올랐습니다"라는 말을 했는데, 이것은 역사적 사실이 아닌가요?

태종　역사적 사실이 맞습니다.

김딴지 변호사　그렇다면 한나라 고조 유방처럼 돈 좋아하고 여자 좋아하는 사람, 즉 매우 인간적이고 감정적인 사람도 천하 통일의 대업을 성취할 수 있다는 의미가 아닌가요?

태종　그것은 역사를 잘못 해석한 것이오.

김딴지 변호사　무슨 말씀이신가요?

태종　한고조 유방이 인간적이고 감정적인 사람이었던 것은 사실이오. 하지만 인간적이고 감정적이었기에 천하를 통일할 수 있었던 것은 아니지요.

김딴지 변호사　좀 자세히 말씀해 주시지요.

태종　허허. 그럼 내가 하는 말을 좀 더 들어 보겠소? 다들 알다시피 한고조 유방은 항우와 천하를 놓고 쟁탈전을 벌여 승리한 사람이오. 양녕이 말했듯이 돈 좋아하고 여자 좋아하는 유방은 인격이나 전쟁 능력 면에서 항우보다 훨씬 못했소. 객관적인 전력에서도 항우가 늘 앞섰지요. 그럼에도 최후 승리자는 항우가 아니라 유방이었어요. 이유가 무엇인지 알겠어요? 유방이 돈 좋아하고 여자 좋아하는 인간적이고 감정적인 사람이어서가 아니라 바로 사람을 잘 썼기 때문이에요. 유방은 직접 이런 말을 했어요.

군막 안에서 작전을 짜 천 리 밖에서 승리를 결정하는 능력은 장자방이 나보다 뛰어나다. 나라를 어루만지며 백성들을 위로하고, 군량을 공급하며 운송로가 끊어지지 않게 하는 능력은 소하가 나보다 뛰어나다. 백만 대군을 거느리고 싸울 때마다 승리하며 공격할 때마다 성공하는 능력은 한신이 나보다 뛰어나다. 이 세 사

람은 모두 뛰어난 인재인데 내가 그들을 능히 썼기에 천
하를 얻을 수 있었던 것이다. 항우에게는 범증이 있었지
만 그 범증 하나도 능히 쓰지 못해 나에게 사로잡혔던
것이다.

유방은 항우보다 사람을 잘 썼기에 최후의 승리자가 될
수 있었던 것이에요. 하지만 양녕은 자신에게 충고하는 사
람들을 싫어했어요. 그러니 양녕과 친한 사람들은 간신배
들 아니면 소인배들이었지요. 양녕은 감정적인 데다가 친
한 사람들이란 모두가 간신배나 소인배들이니 그가 어떻
게 좋은 임금이 될 수 있겠어요?

김딴지 변호사　　아, 그런가요? 원고가 같은 상소문에서 "수나라 양
제는 왕자였을 때 어진 사람이라는 칭송을 받았지만 그가 황제가 되
어서는 본인도 위태로웠고 나라도 망하였습니다"라는 언
급을 했는데, 이것 역시 역사적 사실이지요?

"수나라 양제? ▶100만 명이 넘는 대군을 이끌고 고구려
에 쳐들어왔다가 을지문덕 장군에게 참패했던 그 포악한
황제 말야?"

"그러게 말이야. 그 수나라 양제가 왕자였을 때 어진 사
람이라는 칭송을 들었다고?"

방청객들이 웅성거리자 태종은 약간 짜증스러운 표정

범증

항우를 돕던 정치가로, 유방이 항우를 위기에 빠뜨릴 것을 알고 조치를 취하려 했지만 실패하고, 결국 오해를 사 항우에게서도 내쳐진 인물입니다. 훗날 항우는 전쟁에서 패배하자 뛰어난 지략을 가진 범증을 내친 것을 크게 후회했다고 합니다.

양제

7세기 후반 중국 수나라의 제2대 황제이지요. 세 차례에 걸쳐 고구려를 침략했지만 크게 패했고, 나라 곳곳에서 일어난 민란으로 수나라가 멸망에 이르도록 하였습니다.

교과서에는

▶ 수양제는 황제의 자리에 올라 천하의 최고 통치자임을 내세우고 동북아시아의 강국 고구려를 자신의 손아귀에 넣으려고 했습니다. 그리하여 612년에 113만 명의 대군을 이끌고 고구려를 침공하였지만 고구려의 장군 을지문덕에게 패배하였지요. 이 싸움이 바로 살수 대첩입니다.

을 지으며 볼멘 목소리로 대답했다.

태종　수나라 양제가 본 사건과 무슨 관계가 있다는 것이오?

김딴지 변호사　피고가 역사를 말씀하시니 저 역시 역사를 말씀드리는 것입니다. 피고도 잘 알다시피 수나라 양제는 원래 둘째 왕자였습니다. 왕자 시절 수나라 양제는 부모 말씀 잘 듣고 공부도 열심히 하는 그야말로 흠잡을 곳 없는 모범생이었습니다. 반면 수나라 양제의 형인 태자는 여색에 빠지고 사치스런 생활을 하다가 부모의 미움을 받았습니다. 결국 태자의 자리에서 쫓겨났지요. 그 자리를 수나라 양제가 차지했습니다. 하지만 그 결과는 어땠습니까? 수나라 양제는 후에 아버지를 암살하고 황제 자리에 올랐습니다. 그뿐입니까? 100만이 넘는 대군으로 고구려를 침략하는 등 천하에 둘도 없는 폭군이 되었다가 결국 나라를 망하게 만들었습니다.

　여기까지 말한 김딴지 변호사는 비장한 표정으로 판사를 향해 돌아섰다. 김딴지 변호사는 두 주먹을 불끈 쥐고 나직한 목소리로 말했다.

김딴지 변호사　존경하는 판사님, 피고는 원고가 지나치게 감정적이어서 세자 자리에서 쫓아냈다고 했습니다. 피고는 원고에게 수나라 양제처럼 부모 말씀 잘 듣고 공부도 열심히 하는 모범생이 될 것을 강요했습니다. 하지만 수양제의 경우에서 보듯이, 부모 말씀 잘

들고 공부 열심히 한다고 해서 반드시 훌륭한 왕이 되는 것이 아닙니다. 마찬가지로 감정적이고 인간적이라고 해서 반드시 나쁜 왕이 되는 것도 아닙니다. 원고가 감정적이고 인간적이라서 세자 자리에서 쫓아냈다는 말은 핑계에 불과합니다. 근본적으로 피고는 원고 양녕 대군을 사랑하지 않았으며 신뢰하지 않았습니다. 그 때문에 원고는 더더욱 감정이 격해졌던 것입니다. 그러므로 원고는 문제아이자 반항아가 아니라 피고의 사랑과 신뢰를 받지 못한 상처로 괴로워하고 방황한 불행한 사람입니다. 만약에 어리 사건이 일어났을 때 피고가 원고의 첫사랑을 이해해 주고 믿어 주었다면 원고는 그렇게 심한 반항아가 되지는 않았을 것입니다.

이대로 변호사　이의 있습니다, 판사님! 원고 측 변호인은 자기 주장을 펼치기 위해 과도하게 논리를 비약하고 있습니다. 원고 측 변호인은 만약 피고가 원고의 첫사랑을 이해해 주고 믿어 주었다면 원고가 그렇게 심한 반항아가 되지 않았을 것이라고 주장했습니다. 정말 그랬을까요? 원고의 첫사랑이라는 것이 과연 어떤 사랑이었는지 원고에게 물어보는 것이 어떻겠습니까?

판사　그게 좋겠습니다.

　판사의 허락이 떨어지자 이대로 변호사는 양녕 대군을 향해 질문했다.

이대로 변호사　원고, 어리는 정말 원고의 첫사랑이 맞습니까?

양녕 대군　다른 여인들보다 훨씬 많이 사랑했습니다.

이대로 변호사　세자 자리보다 어리를 더 사랑했습니까?

양녕 대군　그때는 목숨도 줄 수 있다고 생각했지요.

이대로 변호사　그렇군요. 아까 피고는 원고가 세자 자리에서 쫓겨난 후 어리와 함께 살게 했다고 했는데, 사실인가요?

양녕 대군　사실입니다.

이대로 변호사　천하를 얻은 듯 행복하셨나요?

양녕 대군   행복이오? 글쎄요. 막상 허락을 받고 같이 살아 보니 그렇게까지 행복했던 것 같지는 않군요.

이대로 변호사   그런데 제가 조사해 보았더니 어리가 원고와 함께 산 지 얼마 되지 않아 스스로 목숨을 끊었다고 하던데, 이것이 사실입니까?

"이게 무슨 소리야?"

"어리가 스스로 목숨을 끊었다고?"

방청객들이 놀라 크게 술렁였고, 양녕 대군은 식은땀을 흘리기 시작했다.

양녕 대군   음…… 그, 그건…….

이대로 변호사   정확히 대답하십시오. 원고가 갑자기 도망가는 바람에 자살했다고 하던데, 사실인가요?

양녕 대군   네…… 사실입니다.

이대로 변호사   아니, 원고! 어리는 세자 자리도 버리고 얻은 첫사랑인데 어떻게 도망가실 수가 있나요?

양녕 대군   글쎄요. 그때 내가 왜 도망갔을까요? 답답하고 울적한 감정을 이기지 못해 그랬습니다.

이대로 변호사   어리를 진정 사랑했다면 목숨 걸고 지켰어야 하는 것 아닌가요?

양녕 대군   허허! 나는 뭔가에 목숨을 걸지 못하는 사람이에요.

이대로 변호사 어리에 대한 감정이 식은 것이 아니고요?

양녕 대군 흠, 글쎄요.

이대로 변호사 존경하는 판사님! 지금 원고가 하는 말을 들으셨나요? 원고는 자신의 첫사랑이라는 어리도 지키지 못했습니다. 사랑의 감정이 불타올랐을 때는 목숨이라도 바칠 듯이 하다가 막상 같이 살게 되자 감정이 식어 그런 것이 아니겠습니까? 자신의 첫사랑도 지키지 못하는 원고가 어떻게 나라와 백성을 지킬 수 있겠습니까? 이렇게 감정적인 원고가 왕세자 자리에서 쫓겨난 것은 누구 잘못이 아니라 본인의 자질이 부족해서라고 할 수밖에 없습니다.

또다시 재판이 불리하게 진행되고 있는 것을 깨달은 김딴지 변호사가 얼른 자리에서 일어나 이대로 변호사의 말을 막았다.

김딴지 변호사 이의 있습니다. 피고 측 변호인은 억지 주장을 펼치고 있습니다. 제가 원고에게 몇 가지 사실 확인을 할 수 있도록 허락해 주십시오.

판사 그렇게 하세요.

김딴지 변호사 감사합니다. 원고는 아까 답답하고 울적한 감정을 이기지 못해 도망갔다고 하셨는데, 왜 답답하고 울적하셨나요?

양녕 대군 나는 그때 아무 데도 못 가게 갇혀 있었어요. 집 밖에서는 감시병들이 늘 경계를 섰지요. 갑자기 우리에 갇힌 것 같은 갑갑증이 생겼어요.

김딴지 변호사　그러니까 어리에 대한 사랑의 감정이 식어서 도망간 것이 아니군요?

양녕 대군　그런 것은 아니었지요.

김딴지 변호사　그렇다면 어리가 자살한 이유도 원고의 감정이 식은 것을 비관했기 때문은 아니었군요?

양녕 대군　휴. 내 입으로 말하기 참 곤란한 일이군요.

김딴지 변호사　제가 조사한 바에 의하면, 원고가 도망간 후 모든 사람들이 그 허물을 어리에게 돌려 어리가 견디다 못해 자살했다고 하던데, 사실인가요?

양녕 대군　그랬다고 들었습니다.

김딴지 변호사　어리를 못살게 굴었던 사람들이 누군가요?

양녕 대군　주로 내 유모가 어리를 못살게 괴롭혔어요.

김딴지 변호사　유모요? 유모라면 언제부터 원고를 길러 준 유모였나요?

양녕 대군　재판 첫째 날에 말했듯이 나는 태어나자마자 외가로 갔어요. 외할아버지와 외할머니가 여러모로 나를 돌보셨지만 젖까지 먹여 줄 수는 없잖아요? 그래서 유모를 구했는데, 그 유모가 계속해서 나와 함께 있었지요.

김딴지 변호사　아니, 그럼 어머니나 마찬가지였을 텐데 왜 어리를 못살게 굴었나요?

양녕 대군　그야 뭐, 모든 어머니와 같은 마음이었겠지요. 내가 어리에게 정신이 팔려 세자 자리에서도 쫓겨나고 또 도망까지 갔다고

소문이 났으니, 그 원망을 누구에게 했겠어요?

김딴지 변호사　　원고의 첫사랑을 그 누구도 이해해 주지 못했군요.

　　김딴지 변호사와 양녕 대군의 대화를 주의 깊게 듣고 있던 이대로 변호사가 안 되겠다는 판단이 들었는지 갑자기 자리에서 일어났다. 이대로 변호사는 날카로운 눈빛으로 김딴지 변호사를 한 번 쳐다본 후 판사를 향해 말했다.

이대로 변호사　　존경하는 판사님, 원고 측 변호인은 원고와 어리의 사랑을 무슨 지고지순한 사랑인 양 미화하고 있습니다. 그 당시 원고가 얼마나 불안하고 위험한 상태였는지를 피고에게 확인하도록 허락해 주십시오.

판사　　그렇게 하세요.

이대로 변호사　　원고 측 변호인은 감정적이고 인간적인 사람도 훌륭한 왕이 될 수 있다고 했는데, 이런 것까지 부정하면 권력이 너무나 비정한 것이 아닌가요?

태종　　권력은 원래 비정한 것이오. 그러므로 훌륭한 권력자란 그 비정한 권력이 비정해지지 않도록 현명하게 처신하는 사람이 아니겠소?

이대로 변호사　　그런가요? 원고를 세자 자리에서 쫓아내지 않고 어리와 함께 살도록 허락하실 생각은 없으셨나요? 혹 그러셨다면 원고가 좋은 세자가 되지 않았을까요?

태종　내가 그런 생각을 안 해 본 것이 아니라오. 하지만 그렇게 할 경우 더 큰 문제가 생긴다고 판단했지요.

이대로 변호사　무슨 말씀이신가요?

태종　양녕은 내가 어리와 헤어지라고 하자 자기 장인에게 부탁해서 어리를 몰래 궁중으로 데려왔소. 내가 정말 걱정한 것은 어리를 몰래 들였다는 것이 아니었소. 장인에게 부탁해서 그렇게 했다는 것이 내 마음에 걸렸소.

이대로 변호사　원고의 입장에서는 장인이 가장 믿을 만해서 그런 것 아닌가요?

태종　바로 그게 문제였소! 양녕은 외척이 얼마나 무서운 존재인지 전혀 몰랐던 것이오. 외척이 권력을 잡고 조정을 쥐락펴락하면 왕은 허수아비가 되고 말지. 내가 양녕의 외가이자 내 처가인 민씨 가족을 숙청한 것도 다 이런 이유에서 외척을 경계했기 때문이었소. 그런데 양녕은 스물세 살이나 되어서도 처가에 의존했다오. 그런 상태라면 양녕이 왕위에 오른 후에도 처가에 계속 기댈 게 분명하지 않겠어요? 외척에게 의존하고도 훌륭한 왕이 된 사람은 역사상에 없습니다. 양녕에게 정치적 자질이 부족하다고 생각한 이유가 바로 그것이었소. 감정적인 데다가 정치적 감각까지 부족한 양녕이 왕위에 올랐다가는 큰일 나겠다고 생각한 것이오. 흠!

이대로 변호사　그렇군요. 그러면 피고께서 원고와 어리를 만나지 못하게 하셨을 때 충녕 대군이 혹시 형님인 원고를 위해 애를 쓰거나 뭐 그런 일은 없었나요?

태종　허허! 충녕은 양녕하고 아주 달랐소. 충녕은 내가 싫어하는 일은 절대 하지 않았지요. 그때도 충녕이 양녕에게 어리와 만나지 말라고 설득하느라 꽤 고생했다오.

이대로 변호사　그렇다면 당시에 원고와 충녕 대군의 사이가 좋지 않았겠군요.

태종　아주 좋지 않았지요. 그때 양녕은 충녕이 어리에 관한 모든 일들을 나에게 고해바친다고 오해했어요. 동생을 고자질쟁이로 의심했던 것이지요. 사실은 내가 다른 사람한테 들은 건데도 그렇게 의심했어요.

이대로 변호사　그렇다면 원고는 동생 충녕 대군을 아주 미워했겠군요.

태종　그랬소. 솔직히 말하면 그것 때문에 걱정이 많았다오. 감정적인 양녕이 혹시라도 미움 때문에 동생에게 해를 끼치지나 않을까 불안했지요.

이대로 변호사　아, 그래서 원고가 상소문에서 수나라 양제를 언급했던 것이군요. 마치 수나라 양제가 그랬듯이, 충녕 대군이 형인 자기를 세자 자리에서 쫓아내고 왕이 되려고 음모를 꾸민다고 의심했던 것이 분명하군요.

이때 김딴지 변호사가 자리에서 벌떡 일어났다. 그리고 몹시 흥분한 얼굴로 마치 덤벼들듯이 큰 소리로 말했다.

김딴지 변호사 이의 있습니다, 판사님! 피고 측 변호인은 아무 증거도 없이 자기의 생각을 사실인 양 이야기하고 있습니다. 피고 측 변호인의 말은 오직 그의 생각일 뿐입니다.

판사 모든 판단은 진술이 끝난 뒤 내려질 것입니다. 중간에 끼어드는 것을 자제해 주세요.

김딴지 변호사 알겠습니다. 그러나 피고 측 요청으로 피고의 증언을 들었으니 원고에게도 똑같이 발언할 기회를 주셔야 한다고 생각합니다. 원고에게 피고의 말에 대해 반박할 기회를 주십시오.

판사 받아들입니다. 원고는 피고의 발언에 대해 어떻게 생각하는지 의견을 말씀하셔도 좋습니다.

양녕 대군 나는 나 자신이 감정적이라는 사실을 인정합니다. 그러나 그렇다고 해서 훌륭한 왕이 될 수 없다는 아버지 말씀에는 여전히 동의할 수 없습니다. 또한 외척에 관한 문제에서도 동의하기 어렵습니다. 아버지는 그렇게 말씀하시지만 정작 당신께서도 처가의 도움을 받아 왕위에 오르셨습니다. 하지만 나도 왕위에 오른 후 처가에 휘둘리지 않을 자신이 있었습니다. 다만 아버지가 믿어 주지 않으셨을 뿐이지요. 만약 나를 진정으로 사랑해 주시고 믿어 주신다면 나는 동생 충녕보다 훨씬 훌륭한 왕이 될 자신이 있었습니다. 그렇게 되지 못한 것은 나의 능력이 부족해서이기도 하지만 근본적으로는 아버지가 나에게 너무나 많은 상처를 주셨고, 또 나를 부당하게 폐세자 시켰기 때문입니다. 아버지는 아직도 그것을 인정하지 않으시니 너무나 답답할 뿐입니다.

왜 양녕 대군은 세자의 자리에서 쫓겨났을까?

김딴지 변호사　그렇지요? 너무나 답답한 일이지요?

판사　자, 양측 모두 이야기를 충분히 한 것 같습니다. 오늘 재판은 '어리 사건'을 중심으로 이루어졌습니다. 원고는 어리를 첫사랑이라고 주장했고, 피고는 구제 불능의 비행이라고 주장했습니다. 저나 배심원은 양측의 주장을 충분히 고려해서 판결을 내리도록 하겠습니다. 오늘은 시간이 다 되었으므로 재판을 이만 정리하는 것이 좋겠습니다. 잠시 후에 원고와 피고의 최후 진술을 들은 뒤 재판을 마치겠습니다.

왕세자의 유모는
어떤 사람이었을까?

조선 왕실의 왕세자 교육의 특징은 바로 환경을 중요시한다는 점이었습니다. 그래서 원자를 기르는 유모를 아주 각별한 주의를 기울여 가려 뽑았지요. 유모는 어린 원자를 젖을 먹여 키워 주는 특별한 존재로서 어머니만큼 큰 영향을 끼치는 사람이었으니까요.

유모는 민간인 중에서 성품이 온화하고 후덕한 사람으로 신중하게 골랐습니다. 유모 선발은 주로 대비전에서 담당했지요. 원자가 왕세자가 되고 장차 왕위에 오르면 유모는 특별한 대우를 받았습니다. 우선 공식적으로 종1품의 품계를 받고 '봉보부인'이라는 칭호를 받았습니다. 종1품이면 육조의 판서보다도 높은 지위였답니다. 조선 최고의 관직인 영의정 바로 아래였으니까요. 이외에도 유모는 여러모로 특별한 대우를 받았습니다. 이는 직접 낳아 준 부모는 아니지만 젖을 먹여 키워 준 은혜에 대한 보답이라고 할 수 있지요. 또 왕과의 인간적 유대감도 남달랐을 테니까요.

하지만 원자의 유모로 선발된 여인은 상전의 아이에게 젖을 먹여야 했으므로 정작 자신의 아이는 뒷전으로 밀어 둘 수밖에 없었습니다. 그래서 자기 아이를 위해 따로 젖 먹이는 여자를 두기도 했다는데요, 유모 자신의 아이가 젖을 못 얻어먹어 죽는 일도 있었다고 하니 종1품의 봉보부인이라는 호칭은 이러한 애환 속에 얻게 되는 지위였던 셈입니다.

다알지 기자

저는 지금 양녕 대군 대 태종의 마지막 재판을 마친 한국사법정에 나와 있습니다. 오늘 재판에서는 원고 양녕이 폐세자 된 것이 누구의 책임인지를 놓고 양측에서 팽팽한 대결을 펼쳤는데요. 마침 재판을 마친 원고와 피고가 이쪽으로 나오고 있습니다. 오늘은 마지막으로 원고 양녕 대군과 피고 태종을 직접 모시고 이야기를 나누어 보도록 하겠습니다. 먼저 원고 양녕 대군과 인터뷰하겠습니다. 양녕 대군께선 자신이 세자로서의 자질을 충분히 갖추었다고 생각하시나요? 그리고 태종께서는 큰아들 양녕 대군에게 아버지로서의 역할을 다하셨다고 생각하십니까?

양녕 대군

허, 그렇게 노골적으로 물으면 곤란하지요. 내 입으로 세자로서의 자질을 충분히 갖추었다고 말하면 교만하다 할 것이고, 세자로서의 자질을 충분히 갖추지 못했다 말하면 왜 소송을 제기했느냐 할 것 아닙니까? 어쨌든 나는 나 스스로가 대단한 사람이라고 생각하지는 않지만 그렇다고 세자 자리에서 쫓겨났어야 할 만큼 모자란 사람이라고도 생각하지 않습니다. 나는 기본적인 자질은 갖추었다고 생각하고, 그래서 적어도 세자로서 큰 문제는 없었다고 생각합니다. 다만 원통한 것은, 그런 자질을 가졌다는 사실을 아버지로부터 인정받지 못했고, 또 왕이 되어 내 능력을 펼쳐 보일 기회를 가져 보지도 못했다는 사실이지요. 그것이 소송을 제기한 이유이기도 하고요.

태종

　세상에 그 어떤 아버지가 자식에게 아버지
로서의 역할을 다했다고 자신 있게 말할 수 있
겠습니까? 아버지라는 면에서 보면 나 역시 부족하
고 양녕에게 미안한 마음입니다. 다만 나는 양녕의 아버지였을 뿐만
아니라 조선의 왕이기도 했습니다. 나는 양녕에게 좋은 아버지도 되고
싶었고 좋은 왕도 되고 싶었습니다. 그러나 지금 돌이켜 생각해 보면
좋은 아버지는 못 되었다는 생각이 드는군요. 그렇기는 해도 나는 조
선을 위해 양녕 대신 최고의 세자를 골랐다고 자부합니다. 세종 대왕
이 된 나의 셋째 아들 충녕 대군 말입니다. 그것은 역사가 증명합니다.
그래서 나의 입장과 고뇌를 지금쯤은 양녕도 충분히 이해하지 않을까
기대하고 있습니다.

아버지가 저를 사랑해 주셨다면
저는 비뚤어지지 않았을 거예요!
VS
조선의 기틀을 잡기 위해
양녕 대군을 폐위한 것뿐입니다!

판사　　자, 마지막으로 당사자의 목소리를 들어 볼까요? 이제 저나 배심원단이 마음을 결정해야 할 시간이 다가왔습니다. 여러분의 말 한마디 한마디가 마음을 움직일 수 있고 결정의 변수가 될 수 있습니다. 따라서 양측은 주의 깊게 말씀해 주시기 바랍니다. 그럼 원고 측 먼저 진술하세요.

양녕 대군　　존경하는 판사님, 그리고 배심원 여러분, 저는 참으로 부끄러운 마음으로 이 자리에 섰습니다. 다들 아시다시피 저는 태종 의 큰아들입니다. 아들이 아버지를 고소했다는 사실 자체가 크나큰 불효임을 잘 알고 있습니다. 그럼에도 불구하고 이렇게 해서라도 저 의 억울함을 풀고자 하는 제 입장을 헤아려 주시기 바랍니다.

　　저는 세상에 태어나서 아버지의 따뜻한 사랑과 신뢰를 받아 본 기억이 없습니다. 제 어린 시절을 돌이켜 보면 외할아버지와 외할머니, 그리고 외삼촌, 외숙모, 유모 이런 분들에 대한 기억밖에 없습니다. 아버지에 대한 기억 자체가 희미합니다. 제 기억 속에 아버지가 뚜렷하게 등장하는 시기는 일곱 살부터입니다. 그때부터 아버지와 한집에서 살기 시작했으니까요. 하지만 아버지의 눈빛은 무서운 호랑이 같았습니다. 제가 무엇을 잘못하나, 제가 얼마나 못났는가를 확인하다가 곧바로 물어뜯어 버릴 것만 같은 호랑이의 눈빛, 바로 그것이었습니다. 그런 눈빛을 하신 채 아버지는 저에게 늘 말씀하셨습니다. 너는 조선의 왕세자다, 왕세자는 왕세자다워야 한다고요.

하지만 아버지가 둘째 동생인 충녕 대군을 바라보실 때는 봄바람같이 부드러운 눈빛이셨습니다. 저는 충녕을 바라보는 아버지의 그 눈빛이 너무나 부러웠습니다. 왜 아버지는 나를 보실 때는 호랑이처럼 무서운 눈빛을 하실까? 동생 충녕을 바라보실 때는 어째서 봄바람처럼 부드러운 눈빛이 되실까? 저는 속으로 고민하며 노력도 많이 했습니다. 하지만 아버지는 언제나 저를 동생 충녕 대군과 비교만 하실 뿐 제게 따뜻한 눈길을 주시지 않았습니다. 그래서 처음에는 제가 아주 못난 사람이라고 비관하기도 했습니다.

하지만 저는 제가 무술과 운동에 소질이 있고 적성에도 맞는다는 사실을 알았습니다. 반면에 동생 충녕 대군은 비록 공부는 잘했지만 무술이나 운동에는 아주 소질이 없었습니다. 저는 동생 충녕 대군보다 훨씬 잘하는 것이 있다는 사실이 즐거웠습니다. 그래서 공부보다는 운동과 무술을 더 열심히 했습니다. 재미있었고 성취감도 있었습니다. 하지만 아버지는 저의 소질이나 적성은 전혀 생각해 주시지 않았습니다. 공부하지 않는다고 더욱 역정을 내셨지요. 저는 답답하고 억울했습니다. 공부는 아무리 해도 동생 충녕 대군을 이길 수가 없었습니다. 제가 동생 충녕 대군을 이길 수 있는 길은 오직 운동과 무술이었는데 아버지는 저의 운동과 무술은 인정하지 않으시니, 저는 어떻게 해야 할지 몰랐습니다.

어느 때부터인지 잘 기억은 나지 않지만, 저는 아버지에게 반항했습니다. 저를 따뜻한 눈으로 바라봐 주시지 않고 또 제 적성과 소질도 인정해 주시지 않는 아버지에게 너무나 화가 났던 것입니다.

하지만 아버님은 언제나 같은 말씀뿐이셨습니다. 너는 조선의 왕세자다, 왕세자는 왕세자답게 행동해야 한다고 하셨지요. 제가 조선의 왕세자라서 아버지는 무서운 호랑이의 눈빛으로 저를 바라보신 것일까요? 또 제가 조선의 왕세자라서 늘 단죄하는 말씀만 하신 것일까요? 저는 왕세자도 싫고 공부도 싫었습니다.

지금 돌이켜 보면 철없는 생각, 어린아이 같은 투정임을 압니다. 하지만 아버지가 저를 따뜻한 눈빛으로 바라봐 주셨다면, 또 저의 적성과 소질을 인정해 주셨다면 저는 그렇게 반항아가 되지는 않았을 것입니다. 존경하는 판사님, 배심원 여러분, 이제 저의 억울함을 조금이라도 풀어 주셨으면 감사하겠습니다.

태종   흠…… 양녕을 엄하게 키웠던 건 미워서가 아니었습니다. 나라의 대통을 이을 왕세자이다 보니 각별히 생각하고 엄하게 키웠던 것뿐이지요! 당시 조선은 나라의 기틀이 막 잡히기 시작하던 때라 왕세자의 역할이 매우 중요했습니다.

존경하는 판사님, 배심원 여러분, 그러면서도 한편으로 나는 참담한 마음을 누를 수가 없습니다. 내가 큰아들의 마음을 이토록 읽지 못했다니, 그리고도 내가 어떻게 만백성의 국왕 노릇을 했는지 부끄러운 마음을 이루 말할 수가 없습니다. 그리고 큰아들이 그토록 나를 오해하고 또 나를 그토록 미워했다는 사실에 충격을 금할 수가 없습니다.

양녕이 말했듯이 나는 양녕이 어렸을 때 늘 호랑이의 눈빛으로 바라보았습니다. 하지만 그것은 미워서가 아니었습니다. 기대가 높아서였지요. 내가 양녕에게 아무 기대가 없었거나 또는 기대가 낮았다면 호랑이의 눈빛으로 바라보지 않았을 것입니다. 내가 충녕 대군을 바라본 눈빛은 편애의 눈빛이 아니었습니다. 충녕 대군은 셋째 아들이었기에 큰 기대가 없었고, 기대가 높지 않다 보니 사랑스런 아들로만 보였던 것입니다.

하지만 양녕은 나의 큰아들이자 조선의 왕세자였습니다. 게다가 내가 왕이었을 때 조선은 건국된 지 얼마 되지 않은 신생 국가였습니다. 아직 나라의 기틀이 잡히지 않은 불안한 나라였어요. 장차 그런 나라를 이끌어 갈 국왕은 당연히 호랑이처럼 용맹하고 강인해야 한다고 생각했습니다. 그렇지 못하다면 조선은 어떻게 될지 그 누구도 장담할 수 없었습니다. 나는 큰아들 양녕이 최소한 그 정도는 이해할 것이라 믿어 의심하지 않았습니다. 아니, 기대했습니다. 큰아들 양녕이 조선의 현실과 자신의 처지를 이해한다면 누가 시키지 않더라도 스스로의 사명감으로 열심히 공부하고 준비할 것이라 믿었습니다. 또 기대했습니다.

양녕의 적성과 소질에 대해서도 마찬가지입니다. 나 역시 양녕이 무술과 운동에 뛰어나다는 것을 잘 알고 있었습니다. 하지만 양녕은 조선의 왕세자였습니다. 그것도 건국된 지 얼마 되지 않은 신생 국가 조선의 왕세자였습니다. 장차 조선을 반석 위에 세우기 위해서는 무술과 운동보다는 공부가 절실했습니다.

아, 물론 무술과 운동도 중요합니다. 그것을 부정하는 것은 아닙니다. 하지만 최고 지도자에게 필요한 덕목은 시대와 상황에 따라 달라집니다. 전쟁의 시대 또는 혼란의 시대에 최고 지도자에게 요구되는 덕목은 바로 무술과 운동입니다. 뛰어난 무술을 가진 위대한 장군들이 전쟁을 끝내고 혼란을 종식시키니까요. 하지만 평화의 시대에는 그렇지 않습니다. 평화의 시대에 최고 지도자가 갖추어야 할 덕목은 바로 공부와 학문입니다. 조선은 비록 건국된 지 얼마 되지는 않았지만 더 이상 전쟁의 시대도 아니었고 혼란의 시대도 아니었습니다. 평화의 시대였습니다. 그 평화의 시대를 이끌어 갈 국왕이 갖추어야 할 덕목은 무술이 아니라 바로 뛰어난 학문이었습니다.

나는 양녕이 헤쳐 나가야 할 시대적 상황과 자신의 사명을 열심히 공부해서 깨닫기를 바랐습니다. 만약 양녕이 시대적 상황과 자신의 사명을 깨달았다면 무술보다는 공부를 더 열심히 했을 것입니다. 공부가 적성에 맞지 않다고 해도 최선을 다해서 공부하고, 부족한 부분은 다른 인재들의 도움을 받으려 했을 것입니다. 그러려면 포용력

왜 양녕 대군은 세자의 자리에서 쫓겨났을까?

도 키우고 절제력도 키워야 했지요. 나는 양녕이 그렇게 되기를 바랐습니다. 또 조선의 왕세자라면 마땅히 그러해야 한다고 생각했습니다.

하지만 양녕은 그러지 못했습니다. 공부는 포기하다시피 했고 포용력이나 절제력은 거의 없었습니다. 이런 양녕이 조선의 국왕이 된다면 심각한 문제가 발생할 것이라 판단했습니다. 그래서 양녕을 폐세자 시킨 뒤, 그와는 달리 공부도 잘하고 학문도 뛰어나며 포용력과 절제력을 두루 갖춘 충녕을 나의 후계자로 결정했던 것입니다.

돌이켜 보면 나의 잘못도 많았다는 생각이 들기도 합니다. 내가 만약 양녕이 어렸을 때부터 따뜻한 눈빛으로 바라보았다면, 또 양녕의 적성과 소질을 존중해 주었다면, 양녕은 분명 더 열심히 공부하고, 또 좀 더 너그럽고 원만한 사람이 되지 않았을까 생각해 봅니다. 그러지 못한 것은 그때 나의 기대가 너무 큰 반면 아이들에 대한 이해가 부족했기 때문일 것입니다.

하지만 나는 양녕 대신 충녕을 나의 후계자로 삼은 것에 대해서는 후회하지 않습니다. 그때의 시대적 상황으로 볼 때 그 시대가 요구하는 적성과 소질을 타고난 사람은 분명 충녕이었으니까요. 나의 큰아들 양녕의 적성과 소질은 그 시대가 요구하는 것이 아니었습니다. 비록 그렇다고는 해도 양녕이 어렸을 때 좀 더 따뜻한 시선으로 바라보고 또 좀 더 따뜻한 마음으로 사랑해 주었다면 양녕이 그렇게까지 불행하지는 않았을 텐데 하는 후회가 듭니다. 그러지 못했던 저 스스로를 참으로 안타깝게 생각하며, 배심원 여러분께서 바른 평가

왜 양녕 대군은 세자의 자리에서 쫓겨났을까?

를 내려 주시기를 부탁드립니다. 감사합니다.

판사　여기까지 달려오시느라 원고 측과 피고 측 그리고 배심원 여러분들도 모두 수고 많으셨습니다. 저는 배심원의 판결서를 참고하여 4주 후에 판결문을 공개하겠습니다. 그때까지 여러분도 이 사건에 대해 다시 한 번 바른 판결을 내려 보시기 바랍니다.

지금 이 법정에는 보이지 않는 배심원들이 있습니다. 이 재판을 지켜보시는 모든 분들, 그리고 이 재판을 책으로 읽으시는 독자 여러분들 모두가 배심원입니다. 지금까지 3차에 걸쳐 원고와 피고 그리고 관련자들의 진술을 충분히 들었으니, 이를 참고하여 여러분 각자의 견해를 제출해 주세요. 본 한국사법정에서는 여러분의 의견서도 참고하여 최종 판결을 내리겠습니다.

땅, 땅, 땅!

역사공화국 한국사법정 재판 번호 23 양녕 대군 vs 태종

주문

역사공화국 한국사법정은 양녕 대군이 태종을 상대로 제기한 폐세자 처분 취소 청구를 기각한다.

판결 이유

한국사에서 불량 세자의 대명사로 불리고 있는 양녕 대군은 자신이 불량 세자가 된 이유는 본인의 책임이 아니라 아버지 태종이 자신을 차별 대우하고 믿어 주지 않았기 때문이라며 태종의 폐세자 처분을 취소해야 한다고 주장하였다.

그러나 조선 시대 세자의 자리는 사적인 자리가 아니라 공적인 자리였기에, 누가 세자에 적합한가는 당시의 시대적 요구가 가장 중요한 판단 근거가 된다고 할 수 있다. 이러한 맥락에서 조선 건국 이후 세자에게 요구되는 가장 중요한 덕목은 공부와 학문이었다는 주장에 본 법정은 동의하는 바다. 따라서 양녕 대군과 충녕 대군 중에서 공부와 학문이 월등했던 충녕 대군이 양녕 대군을 대신해서 세자가 된 것은 정당하다는 것이 본 법정의 판단이다.

그러나 모든 자식들은 입장과 처지를 떠나 부모로부터 사랑받을 권리가 있다. 조선 시대의 세자 역시 마찬가지다. 비록 본 법정에서는 원고 양녕 대군의 청구를 기각하는 판결을 내리나, 아버지의 사랑과 신뢰를 받지 못함으로써 상처 받고 방황해야 했던 양녕 대군의 억울함도 이해가 가는 바다. 따라서 양녕의 비행과 무능을 비난만 하기보다는 아버지의 사랑을 갈구하는 아들로서의 양녕의 입장도 한번 생각해 보는 기회를 가져 보길 바란다.

역사공화국 한국사법정 담당 판사 정역사

"모든 게 다 나라를 위해서였다고요?"

저 멀리 내려다보이는 강줄기는 하늘로 빨려 올라가듯 아련히 멀어져 간다. 푸른 하늘에는 흰 구름이 떠다닌다. 어디선가 불어온 바람결에 옷자락이 펄럭인다. 산 정상의 바위는 영겁의 세월을 견뎌내기라도 하듯 묵묵히 그 자리를 지키고 있다. 태종과 양녕은 그 바위에 앉아 말없이 산 아래를 내려다보고 있다.

"양녕아, 나와 함께 등산한 적이 있었느냐?"

"왜 그러세요? 처음인 줄 뻔히 아시면서……."

태종의 말에 양녕은 퉁명스럽게 내뱉는다.

"그렇지? 처음이지?"

태종은 회한에 젖은 듯 중얼거린다.

"양녕아, 네가 나를 고소하리라고는 꿈에도 상상하지 못했구나.

그리도 한이 많았더냐?"

"아니, 싫다는 저를 억지로 끌고 올라와서는 겨우 그런 소리를 하시는 거예요?"

양녕의 목소리에 심술이 가득 실려 있다.

"양녕아, 내가 잘못 살아온 것일까?"

"글쎄요. 제가 그걸 어떻게 알겠어요?"

"허허. 나는 큰 뜻을 위해서는 작은 것을 버릴 줄 알아야 한다고 생각했다."

"큰 뜻이 뭔데요?"

"물론 우리나라지. 나라를 위해서는 못할 일이 없다고 생각했지."

"어휴, 또 그 우리나라 타령이세요?"

"나는 우리나라를 위해 내가 갖고 있던 모든 것을 기꺼이 버렸다. 내 친구들, 처가 식구들, 심지어 부모형제까지 버렸지."

"아, 그러셨어요?"

양녕은 연신 태종의 말에 빈정댄다.

"나는 그들이 이해해 주리라 믿었어."

"그들이 아바마마를 이해해야 할 의무가 있나요?"

"허허. 솔직히 말하면 나라를 위한 나의 충정을 알아주었으면 하는 바람이겠지."

"저는 그딴 것에 관심 없어요."

"양녕아, 아비의 인생에서 가장 한스러운 것이 무엇인지 아느냐?"

"아, 글쎄, 저는 그건 거 모른다니까요!"

마침내 양녕이 버럭 짜증스럽게 대꾸한다.

"사람들이 말하는 1차 왕자의 난이란다. 그때 나는 내 이복동생들을 죽이고 네 할아버지로부터 권력을 빼앗았지. 그 때문에 네 할아버지는 나를 몹시도 미워했단다."

"……."

"그때 나는 우리나라를 위해서는 어쩔 수 없다고 생각했어. 1차 왕자의 난으로 나는 권력을 잡았고 왕까지 되었지."

"아바마마는 권력을 잡기 위해서는 뭐든지 하시잖아요."

"그래, 대부분 그렇게들 생각하지. 그건 어쩔 수 없이 내가 감수해야 할 몫이라고 생각한다. 하지만 나는 1차 왕자의 난으로 권력을 얻었다 해도 너무도 많은 것을 잃었단다. 나는 가정을 잃었어. 나는 그때 나라를 위해 가정 정도는 기꺼이 포기해야 한다고 생각했어. 하지만 속으로는 많이 슬펐단다. 특히 네 할아버지의 사랑을 잃은 것이 가슴 아팠지. 그래서 네 할아버지의 사랑을 되찾기 위해 왕의 자리까지도 내놓으려 했었단다. 만약 그때 내가 좀 더 현명했더라면, 또 좀 더 신중했더라면 그렇게 극단적으로 행동하지는 않았을 텐데……."

"아, 그러셔요?"

"후. 내가 1차 왕자의 난을 일으키지 않았다면 행복한 가정을 꾸릴 수 있었을까?"

"글쎄요."

"양녕아, 너에게도 아이들이 있지?"

"있지요. 그것도 아주 많이 있지요."

"그래, 너는 아이들에게 좋은 아버지라고 생각하느냐?"

"험, 그거야 뭐……."

"나는 좋은 아들은 물론 좋은 아버지로서도 실패한 사람이다. 그래서 잘못 산 것이 아닌가 하는 생각도 들고, 특히 양녕, 너에게 미안한 생각이 드는구나."

"……."

"양녕아, 나는 너에게 이해를 바랄 정도의 아버지도 되지 못하는 것 같구나."

"……."

"나는 좋은 국왕이 되면 자연스럽게 좋은 아들, 좋은 아버지가 될 것으로 생각했다. 하지만 살아 보니 그게 아닌 것 같구나. 양녕아, 미안하다. 내가 큰아들인 너에게 그토록 큰 상처와 슬픔을 주었다니…… 이 아비를 용서해 줄 수 있겠니?"

태종은 손을 뻗어 양녕의 손을 덥석 잡는다. 바위처럼 묵묵히 앞산을 응시하던 태종의 눈가에 안개가 서린다. 아버지의 갑작스런 행동에 놀란 양녕은 잡힌 손을 슬며시 빼며 하늘을 올려다본다. 저 멀리 푸른 하늘에는 맑은 구름들이 바람에 하릴없이 떠돌고 있다.

양녕 대군이 잠든 곳, 지덕사

'지덕(至德)'이란 말은 '덕이 지극하다'는 뜻으로 공자가 『논어』에서 역사상 가장 위대한 인물에게 내린 찬사입니다. 공자가 "태백은 더없이 높은 덕이 지극하다고 말할 수 있다. 세 번이나 천하를 사양했어도 백성들이 칭찬할 줄을 모르는구나"라고 말한 것에 비할 만하다고 해서 '지덕' 두 글자를 따서 이름 붙인 곳이 있어요. 바로 양녕 대군의 묘소예요. 양녕 대군이 세자 자리를 아우인 충녕 대군에게 양보한 것에서 덕이 지극하다고 붙여진 이름, '지덕사'는 서울시 동작구 상도동에 있지요.

지덕사는 사당으로, 숙종 때 우의정 허목이 왕에게 청하여 만들었다고 전해집니다. 사당과 서고, 제기고와 함께 묘가 있는데, 중앙에는 사당이 있고, 좌측에는 서고와 제기고가 있습니다. 사당 안에는 양녕 대군과 부인 광산 김씨의 위패가 모셔져 있고, 양녕 대군의 친필이라고 짐작되는 숭례문 현판의 탁본과 정조가 지은 '지덕사기', 허목이 지은 '지덕사기', 양녕 대군의 친필로 전해지는 목각판 등이 있습니다. 양녕 대군과 부인이 묻힌 묘소는 사당 뒤편에 있어요. 지덕사에 걸린 편액은 조선의 제22대 왕인 정조가 하사한 것입니다.

오랜 기간 기행을 일삼아 오해 아닌 오해를 받았던 양녕 대군이 묻힌 묘소는 현재는 서울특별시 유형 문화재 제11호로 지정되어 관리되고 있습니다. 본래 숭례문 밖 도저동에 자리하고 있었는데 1912년 이곳으로 옮겨 왔지요.

지덕사의 정문은 '양명문'으로 '명예로움을 사양한다'는 뜻을 담고 있습니다. 양녕 대군의 행적을 포함하는 말이라고 할 수 있어요. 그리고 지덕사에 들어서면서 양녕 대군의 종가가 있던 자리에 세웠다는 '도광재'가 있습니다. 여기서 '도광'이란 '빛을 감춘다'는 뜻으로 양녕 대군의 삶과도 관련이 있다고 보입니다.

찾아가기 주소   서울특별시 동작구 상도4동 221
(서울 지하철 7호선 장승배기역 하차 후 도보로 이동 가능)
www.jiduksa.co.kr

양녕 대군 묘소

양녕 대군 묘소 전경

『역사공화국 한국사법정 23 왜 양녕 대군은 세자의 자리에서 쫓겨
났을까?』와 관련한 논술 문제를 풀어 봅시다.

※ 다음 제시문을 읽고 물음에 답하시오.

(가) 조선의 왕자 제가 조공 닦으러 만리 길
　　을 찾아오니
　　나이는 불과 열다섯이나 인재가 될 만
　　하다
　　글 읽고 도를 닦아 스스로 버리지 말고
　　부지런히 힘써서 집안일을 훼손하지
　　말라
　　예부터 화복(禍福)은 정해져 있는 것이 아니요
　　높은 산도 갈리고 바다도 옮겨지나니 조심하고 조심하라
　　　　　　　　　　　　　　　　　　　　　　　　　－ 영락제

명나라의 제3대 황제 영락제

(나) 양녕은 어려서부터 글재주가 뛰어났으나 글을 알지 못하는 척
　　했다. 스스로 미친 척하고 방탕한 생활을 하였지만 아무도 양녕
　　의 진심을 아는 이가 없었다.

　　　　　　　　　　　　　　　　　　　　　　　　　－ 이수광

1. (가)는 명나라의 영락제가 사신으로 온 양녕 대군을 보고 쓴 시이
고, (나)는 조선의 학자 이수광이 쓴 양녕 대군의 모습입니다. (가)와
(나)를 읽고 양녕 대군의 본모습을 짐작하여 쓰시오.

※ 다음 제시문을 읽고 물음에 답하시오.

세자란 임금의 자리를 이을 임금의 아들을 가리키는 말로 '국본'
즉 나라의 근본이라 하였습니다. 세자는 왕의 맏아들이 되는 것이
원칙이었지요. 세자라는 존재는 왕의 뒤를 든든히 받쳐 주고 왕조를

지속시키는 원동력이 되었습니다. 하지만 세자가 되었다고 왕이 될
수 있었던 것은 아니었죠.

2. 위의 글을 읽고 짝지은 다음 인물들에게서 파악할 수 있는 왕권의 특
   징을 쓰시오.

> 의안 대군 ― 태종
> 양녕 대군 ― 세종
> 소현 세자 ― 효종

왜 양녕 대군은 세자의 자리에서 쫓겨났을까?

해답 1 (가)는 명나라의 제3대 황제인 영락제가 양녕 대군을 보고 선물로 써 준 시입니다. 15세밖에 되지 않은 양녕 대군을 보고 '인재가 될 만하다'고 평가하였습니다. 그리고 (나)를 쓴 조선의 학자 이수광도 양녕을 높게 평가하고 있습니다. 그리고 일부러 방탕한 생활을 하며 자신의 진심을 숨겼다고 하였지요. 이처럼 양녕 대군은 '집안일을 훼손하지' 않고 나라를 평안하게 하기 위해 재주가 뛰어난 자신의 본모습을 일부러 숨긴 것이라고 짐작합니다.

해답 2 조선이 세워지고 세자는 모두 27명이었습니다. 하지만 왕이 된 세자는 절반 정도인 15명에 그쳤지요. 다시 말해 27명의 왕 중 12명이 세자를 거치지 않고 왕이 되고, 12명의 세자가 왕이 되지 못하고 죽었다는 뜻입니다. 의안 대군, 양녕 대군, 소현 세자 모두 왕이 되지 못하고 죽은 세자들이라는 공통점이 있습니다. 조선 최초의 세자인 의안 대군 이방석은 이복형의 칼에 목숨을 잃었고, 양녕 대군은 세자 자리를 내놓아야 했지요. 소현 세자는 8년간의 볼모살이 끝에 고국에 돌아오지만 두 달 만에 목숨을 잃고 맙니다.

이렇듯 왕의 후계자인 세자로 정해지면 많은 제약과 기대를 받았고 일상적인 생활도 할 수 없었지요. 그래서 불행한 세자가 되기도 했던 것입니다. 왕권은 절대적인 것으로 보이지만 또 많은 견제와 위협을 받기도 했지요. 그래서 의안 대군이 아닌 정안 대군이 태종이 되었고, 양녕 대군이 아닌 충녕 대군이 세종이 되었고, 소현 세자가 아닌 봉림 대군이 효종이 되었던 것입니다.

* 해답은 예시로 제시된 내용입니다.

역사공화국 한국사법정 23

왜 양녕 대군은 세자의 자리에서 쫓겨났을까?

© 신명호, 2011

초　판 1쇄 발행일　2011년 4월 10일
개정판 1쇄 발행일　2014년 5월 26일
개정판 5쇄 발행일　2021년 9월 10일

지은이　　신명호
그린이　　안희숙
펴낸이　　정은영

펴낸곳　　(주)자음과모음
출판등록　2001년 11월 28일 제2001-000259호
주소　　　10881 경기도 파주시 회동길 325-20
전화　　　편집부 (02) 324-2347　경영지원부 (02) 325-6047
팩스　　　편집부 (02) 324-2348　경영지원부 (02) 2648-1311
이메일　　jamoteen@jamobook.com

ISBN　978-89-544-2323-6 (44910)

개정판 + 신판

과학자가 들려주는 과학 이야기 (전 130권)

정완상 외 지음 | (주)자음과모음 | 이메일 soseries@jamobook.com

위대한 과학자들이 한국에 착륙했다!
어려운 이론이 쏙쏙 이해되는 신기한 과학수업,
〈과학자가 들려주는 과학 이야기〉 개정판과 신간 출시!

〈과학자가 들려주는 과학 이야기〉 시리즈는 어렵게만 느껴졌던 위대한 과학 이론을 최고의 과학자를 통해 쉽게 배울 수 있도록 했다. 또한 지적 호기심을 자극하는 흥미로운 실험과 이를 설명하는 이론들을 초등학교, 중학교 학생들의 눈높이에 맞춰 알기 쉽게 설명한 과학 이야기책이다.

특히 추가로 구성한 101~130권에는 청소년들이 좋아하는 동물 행동, 공룡, 식물, 인체 이야기와 최신 이론인 나노 기술, 뇌 과학 이야기 등을 넣어 교육 과정에서 배우고 있는 과학 분야뿐 아니라 최근의 과학 이론에 이르기까지 두루 배울 수 있도록 구성되어 있다.

★ 개정신판 이런 점이 달라졌다! ★

첫째, 기존의 책을 다시 한 번 재정리하여 독자들이 더 쉽게 이해할 수 있게 만들었다.

둘째, 각 수업마다 '만화로 본문 보기'를 두어 각 수업에서 배운 내용을 한 번 더 쉽게 정리하였다.

셋째, 꼭 알아야 할 어려운 용어는 '과학자의 비밀노트'에서 보충 설명하여 독자들의 이해를 도왔다.

넷째, '과학자 소개 · 과학 연대표 · 체크, 핵심과학 · 이슈, 현대 과학 · 찾아보기'로 구성된 부록을 제공하여 본문 주제와 관련한 다양한 지식을 습득할 수 있도록 하였다.

다섯째, 더욱 세련된 디자인과 일러스트로 독자들이 읽기 편하도록 만들었다.

과학공화국 법정시리즈 (전 50권)

생활 속에서 배우는 기상천외한 수학 · 과학 교과서!
수학과 과학을 법정에 세워 '원리'를 밝혀낸다!

이 책은 과학공화국에서 일어나는 사건들과 사건을 다루는 법정 공판을 통해 청소년들에게 과학의 재미에 흠뻑 빠져들게 할 수 있는 기회를 제공한다. 우리 생활 속에서 일어날 만한 우스꽝스럽고도 호기심을 자극하는 사건들을 통하여 청소년들이 자연스럽게 과학의 원리를 깨달으면서 동시에 학습에 대한 흥미를 가질 수 있도록 구성하였다.